# 定年消滅時代をどう生きるか

中原圭介



講談社現代新書

2553

# はじめに

## 人生で3つの仕事や会社を経験する時代へ

すべての日本人の人生にとって、深く関わりがある本を書きました。

2020年は日本の雇用が大変革を遂げる年になるからです。AIなどのデジタル技術の普及に伴って、若手にとっても、中堅にとっても、ベテランにとっても、高齢者にとっても、無縁ではいられない雇用の流動化が起ころうとしています。

これは、私たちにとって大きな危機であり、大きなチャンスでもあります。ひとつの仕事や会社に落ち着いて一生を安泰に過ごせる人々は確実に減っていきます。私たちは自らの視野を広げて、持続可能な働き方を模索していかねばならないのです。私たちは個々の対応によって、二極化していくのが必然となっていくというわけです。

経済のグローバル化やデジタル化によって、ビジネスの経営環境が短期間で変わっていく昨今、企業が成長を続けることができる期間も短くなっていく潮流にあります。株主資本主義のアメリカを中心に企業間の競争は激しくなり、世界的に企業の寿命が短命化する傾向が明らかになっています。企業の寿命が長いといわれる日本でもその影響は免れず、国内企業の平均寿命は２０１８年の時点で24年にまで縮まってきているのです。これから20年のうちに、企業の平均寿命が20年を割り込むのは避けられないでしょう。

その一方で、私たちの寿命は確実に延び続けていきます。２０１８年の日本人男性の平均寿命は81・２５歳、女性は87・３２歳と過去最高を更新し続けています。日本人の三大疾患であるがん、心疾患、脳血管疾患の死亡率の低下傾向が、平均寿命を押し上げていると見られています。これからは遺伝子レベルの研究や、ＡＩを取り入れた医療や創薬が効果を上げる時期に入ってくるので、平均寿命が男性で85歳、女性で90歳を超えるのは、今後20年以内の既定路線にあるといってもいいでしょう。

このふたつの流れが意味しているのは、私たちの生きる時間が延び続けていることで、70歳を超えても働くのが当たり前の時代になっていくということです。これからの日本では、大学を卒業後に就職して70～75歳まで働くことになるので、個人の会社員生活は50年前後と、今の定年より10〜15年程度も長くなります。将来的に企業の平均寿命が20年を切るようになったら、会社員生活は企業寿命の2・5倍を超える長さになってしまうというわけです。

平均的な働き方をする日本人であれば、計算の上では人生で3つの仕事や会社を経験しなければなりません。そこで充実感のある人生を歩み続けるためには、ひとつの仕事や会社に従事する期間を15〜20年に区切って自らのキャリアを見直し、必要に応じたスキルアップをはかっていくことが肝要です。たとえば、30代後半を第一の定年、50代後半を第二の定年としてキャリアを3つに区分したうえで、リカレント教育（学び直し）に勤しみながら、新しいスキルを習得するという生き方が広まっていくでしょう。

## トヨタが変われば日本が変わる

世界で企業寿命とビジネスモデルの短期化が進んでいく時代には、たとえ著名な大手企業であったとしても、新卒社員を定期的な研修によって分け隔てなく育成するのは、極めて難しくなりつつあります。企業が行う新卒一括採用が通年採用に少しずつ移行していく過程では、雇用契約が職務や勤務地が限定されない「メンバーシップ型」から、限定される「ジョブ型」へと大きく変わっていくからです。「ジョブ型」での給与は年齢ではなく職務に対して支払われるので、日本型の「終身雇用」や「年功序列」の制度が崩れていくのは不可避な情勢なのです。

第2章で詳述するように、実際に多くの企業では、終身雇用や年功序列の終わりが近いと感じさせる動きが起きています。少子化で絶対数が少ない優秀な若者を採用するため、若手の給与を大幅に引き上げる代わりに、中高年全体の給与を引き下げるというケースが増加しているのです。それに加えて、今のところ業績が好調であるにもかかわらず、中高年の早期退職を募集する大手企業が相次いでいます。専門性が高いデジタル人材の採用では、海外のグローバル企業との人材獲得競争が激しく、従来の給与体系を改めて初任給を1000万円に設定する企業が出始めてきています。

非常に興味深いのは、大手企業の早期退職に募集する人数が企業の想定を上回って集まっているということです。自らの新しいキャリアを形成するために、前向きに転職を考える人々が増えているからです。それは、高度なデジタル人材の採用も含めて雇用市場が流動化し、新卒採用と中途採用の間にある高い壁が崩れ去るということを意味しています。

その象徴的な事例として、第3章ではトヨタ自動車のケースを紹介しています。トヨタは2019年度に総合職の採用に占める中途採用の割合を2018年度の1割から3割に、中長期的には5割に引き上げるという決定をしたからです。

トヨタが変われば日本の企業全体も変わるといわれているだけに、そのインパクトは計り知れません。トヨタが中途採用を5割にする方針というのは、岩盤とされる日本型雇用の「大きな山」が動いたと捉えることができるのです。遅かれ早かれ、日本における新卒一括採用の重要性は次第に薄れていき、大手企業を中心に中途採用の割合が5割を超えてくるのが一般的な情勢になってくるでしょう。若手を育てる時間とコストをかけるよりも、即戦力の人材を中途で採用しようとする考え方が、多くの企業で主流になってくるはずです。

## 10年先を見据えて豊かな人生の礎を

新しい雇用のあり方が普及していく時代には、会社が社員のキャリアをつくっていくのではなく、ひとりひとりの社員が自らの責任においてキャリア形成を考えていかなければなりません。第3章で指摘する通り、新しいスキルを身に付けようとする訓練は、何も若者だけではなく、中高年でも高齢者でも求められるようになっていきます。企業が求める専門性やスキルを持っている人は、いくつになっても年齢に関係なく、雇いたいというオファーがひっきりなしに来るからです。ですから、自らの興味や好奇心の幅を広げて学び直すことが、満足できる人生を送る秘訣になっていきます。

これから10〜20年後のことを見据えて、政府は企業の雇用義務を75歳まで延長し、事実上の定年消滅時代＝生涯現役時代へのシフトを進めていきます。生涯現役時代において日本人が納得できる職業人生を送るには、今の若者の仕事に対する価値観が大きなヒントになると思っています。若者にとって仕事というのは、自らがスキルを磨いて成長できる機会であるのに加えて、やりがいや楽しさを感じることができる対象でもあるからです。中高年と高齢者も若者と同じような考え方に変えていくことが、人生をいっそう楽しく豊かなものにするポイントになるはずです。

やりがいや楽しみを持って仕事をするのは、生産性の向上だけでなく、健康寿命（健康上の問題で日常生活をなんら制限されることなく過ごせる期間を示す）の延長という効果も十分に期待することができます。自らがやりたいと思って仕事をするか、やりたくないと思って仕事をするか、その違いによって個人にかかるストレスには大きな差が生じるからです。仕事を楽しむこと、あるいは、仕事を楽しむ能力を身に付けることができれば、がんや潰瘍などを誘発するリスクが大いに低下し、健康寿命を大幅に延ばすことができると考えているというわけです。

いずれにしても、若い世代から中高年・高齢世代まで年齢を問わず、職務内容や能力・実績に応じて給与と待遇を決定するシステムづくりが進んでいくことになります。その時に私たちに求められるのは、転職で引き合いが強いキャリアやスキル、仕事への情熱や積極性です。だからこそ、仕事を日々こなしながら、学び直しの時間をつくることが、ひとりひとりの人生を豊かなものにします。満ち満ちた好奇心を持ちながら、謙虚に学ぶ姿勢を徹底している人は、きっと貴重な人材として成長することができるでしょう。

## 3年でひとつのプロを目指す

そういった意味では、私たちがデジタル技術を駆使して、専門家のスキルを習得する時間が劇的に短縮できるというのは、非常に有意義なことであると考えています。10年前や20年前であれば、ひとつの専門性を身に付けるのに10年程度かかったものが、デジタル技術の飛躍的な発展によって、私たちはやる気次第で3年もあれば、専門家としてひとつのスキルを習得することができるのです。そうであるならば、会社員生活が企業寿命の2・5倍を超える見通しにあるからといって、何ひとつ恐れる必要はないというわけです。

デジタル技術のイノベーションが現在進行形で起こっているなかでは、ITを通してAIが効率的にスキルを学ぶプロセスを教えてくれます。さらにこれから数年後には、VR（仮想現実）やAR（拡張現実）がスキルを習得する手助けをしてくれるようになるでしょう。AIやAIを搭載した機械は多くの人々の仕事を奪うことに相違はありませんが、AIによって以前より短期間で自分のスキルを高めることができるので、私たちはAIと競争するのではなく、良好なパートナーシップを組んで共生することが可能になるのです。

数年後、私たちは今よりも個人の趣向に合わせて多彩な分野のスキルを学ぶ機会に恵まれているはずです。だから自分の価値をいっそう高めたいのであれば、現時点で有するスキルとは別に、その周辺の新しいスキルを会得することが効果的です。たとえば、ひとつのスキルで専門家（プロ）の領域に3年で到達しようとすれば、トータル9年で3つの分野の専門家になることができます。その結果として、私たちは元々持っているスキルを中心に、関連が深い専門性を高めることができるばかりか、かつてより多角的な視点を持った専門家になることができるでしょう。

無論、これまでのキャリアやスキルを捨て去って、心機一転、まったく別の分野の専門家になるのも一手です。その場合にはできる限り、自分が好きなことや関心がある分野を選ぶようにするのが良いでしょう。人はどのような分野であっても、好きなことや関心があることについては熱意を持ち、労力を惜しまずに努力するため、上達が早くなる傾向が強いからです。好きなことを仕事にする幸運に恵まれれば、それだけでも人生は十分に楽しいものとなるのではないでしょうか。

## 自らの価値を高めるヒント

多くの人々が誤解しているようですが、個人の価値を大いに高める方法というのは、ひとつの専門性やスキルを「達人」と呼ばれるほど極めるだけではありません。

詳しくは第3章に記しましたが、達人といわれるレベルにまで達していなくとも、1000人に1人（＝上位0・1％）、あるいは1万人に1人（＝上位0・01％）の価値を有することは、みなさんが考えているほど難しいことではないのです。先ほど申し上げたように、私たちが専門性やスキルを3つ持っていたとしたら、複数のスキルを有する相乗効果が発揮されて、私たちの価値を格段に高めることができるはずです。

なぜかというと、私たちの価値というのは、専門性やスキルの習得数の「足し算」ではなく、「掛け算」で決まっていくからです。専門性やスキルの数が増えるほど、掛け算の回数も増えていくので、ネズミ算式に人材としての価値が高まっていくのです。その恩恵として、私たちの働き方や生き方の選択肢の幅が想像を超えて広がっていきます。私たちが社外でも通用するスキル戦略を実行することができれば、何者にも縛られない立場で自由な働き方や生き方ができるようになるというわけです。

私たちはデジタル技術を積極的に活用することによって、努力の度合いに応じてその成果を効率的に発揮できる環境を大きなチャンスとして捉えるべきです。そう遠くない将来、会社に所属するというメリットが少なくなり、会社の外で自由に働くという生き方への注目度が次第に高まっていくからです。優秀なフリーランスは場所を選ぶことなく誰とでも働くことができるので、常識の枠に収まらない独創的なアイデアを生み出すことで、快適で悠々自適な人生を手に入れることができるようになるでしょう。

## 人生100年時代は変化を楽しむ未来志向で！

私は「人生100年時代」を豊かに生きる基本は、「仕事を楽しむ能力」を身に付けるということだと思っています。仕事を楽しみながらするには、多種多様な分野に知的好奇心を持って接しながら、自分の関心事の領域を大いに広げていく必要があります。今の若い世代を見ていると、興味の範囲は狭いといわれるものの、中高年の世代と比べると仕事を楽しむ能力を獲得する適性を持っているように見受けられます。仕事で成長したいと考える人の割合はとりわけ20代で高く、転職することも意欲的に考えているようなのです。

中高年の世代を中心に、転職する、あるいは仕事を変えることに抵抗を感じる人は未だ多いのが現実です。しかし、人生のなかで異なる仕事を何回も経験できる機会が増えていくわけですから、その変化を楽しもうとする未来志向で臨んでほしいところです。自らの価値を今よりも高めつつ、仕事に情熱を持って取り組む経験をすることができれば、また新しい仕事にチャレンジしたい気持ちが自然とみなぎってきて、キャリアの切り替えが上手くいく人が増えてくるでしょう。これからの社会では、考えようによっては、とても豊かで楽しい社会になるはずです。

本書がみなさんにとって、明るく前向きに生きるための一助となりましたら幸いです。

目　次

図表制作　有限会社バウンド

# 第1章　日本から「定年」が消滅する

## 生産年齢人口の減少という大問題

なぜ日本から「定年」が消滅するのか――その具体的根拠に迫る前に、まずはその前提となる日本の人口動態について説明します。

日本の総人口は2008年の1億2808万人をピークに減少に転じ、2018年には1億2644万人まで減少しました。今後の人口の推移を見ていくと、2030年に1億1913万人（2018年比5・8％減）、2040年に1億1092万人（同12・3％減）となり、2053年にはついに9924万人（同21・5％減）と大台の1億人を割り込むということです。

生産年齢人口（15～64歳）も、1995年の8726万人でピークを迎えた後、2018年は7545万人まで減少しています。今後はその減少率が総人口以上に悪化し、2030年に6875万人（2018年比8・9％減）、2040年に5978万人（同20・8％減）にまで減り、2056年には4984万人（同33・9％減）と5000万人を割り込む事態になると見られています。

その一方で、高齢者人口（＝老年人口・65歳以上）は増え続けていきます。2018

**図表1-1　年齢区分別人口の推移（2000〜2050年）**

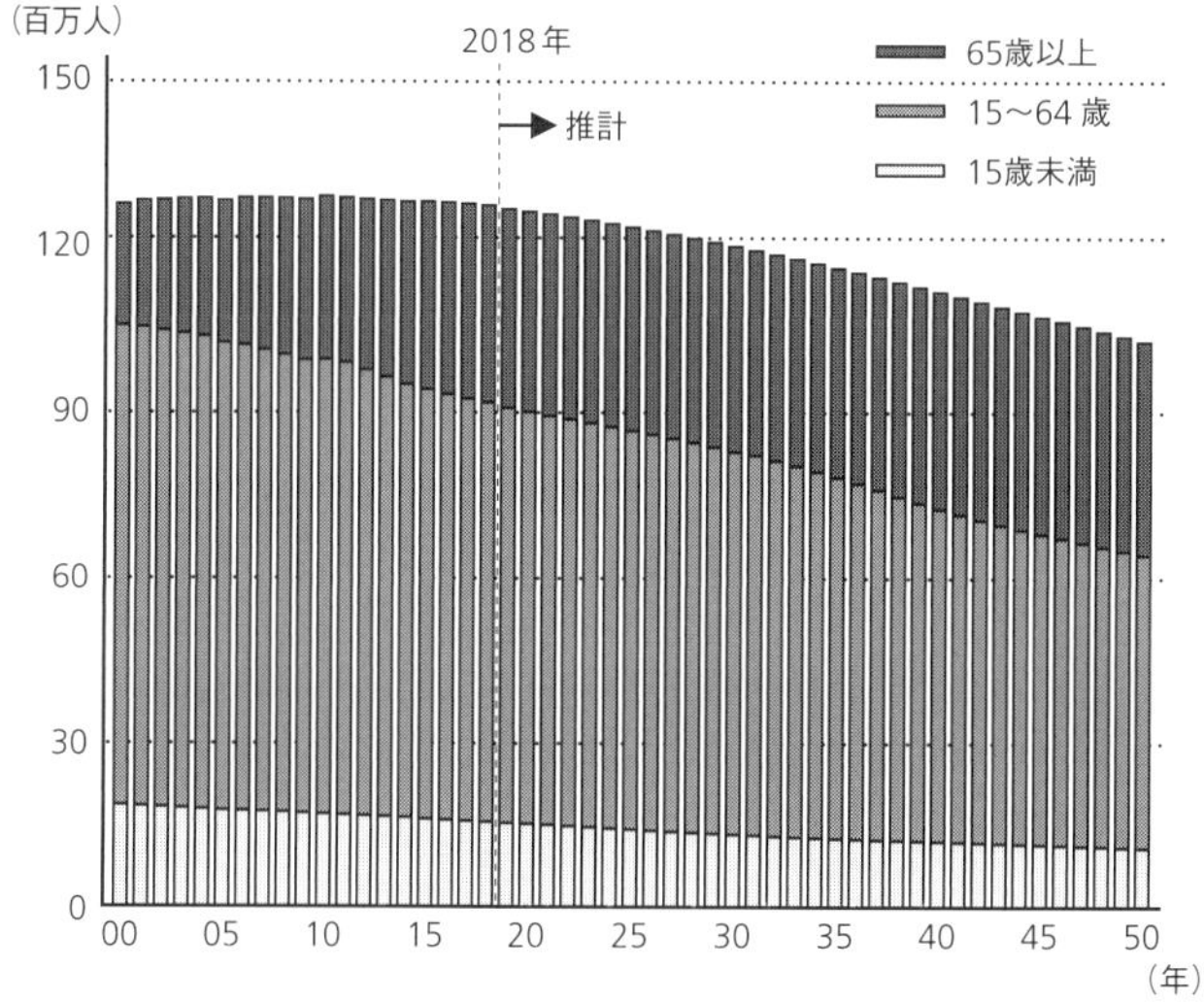


出典）総務省「人口推計」、国立社会保障・人口問題研究所「日本の将来推計人口」

年の高齢者人口は3558万人と過去最高を更新していますが、その数は2030年に3716万人（2018年比4・4％増）、2040年に3921万人（同10・2％増）、2042年のピーク時には3935万人（同10・6％増）まで20年以上にわたって増え続けると推計されています【図表1－1】。

日本の人口減少が極めて深刻なのは、生産年齢人口が減少の一途をたどっていくのに対して、それに反比例するように高齢者人口が増え続けていくということです。要するに、日本での人口減少の大半は、生産年齢人口の減少によって生じているといっても過言ではないのです。

### 増え続ける国民負担

高齢者の絶対数だけではなく、総人口に占める高齢者の比率（高齢化率）の上昇傾向も今後40年以上にわたって続きそうです。2018年の高齢化率は28・1％と過去最高を更新していますが、その後は2036年に33・3％（3人に1人）、2065年には38・4％（2・6人に1人）とピークに到達するまで上昇し続けていくというのです。

1965年には現役世代10・8人で65歳以上の高齢者1人を支えていたので、現役世代1人あたりの負担はあまり重くはありませんでした。ところが、少子高齢化が進行するにつれて、2000年には3・9人に1人、2015年には2・3人で1人を支えるまでに負担が重くなっていったのです。この先、2030年には現役世代1・9人で高齢者1人を、さらに2040年には1・5人で1人を支えるという社会が訪れようとしています【図表1－2】。

誰もが考えてもわかるように、このままのなりゆきを放置すれば、現行の社会保障

**図表1-2　年齢区分別人口比率の推移（2000～2050年）**

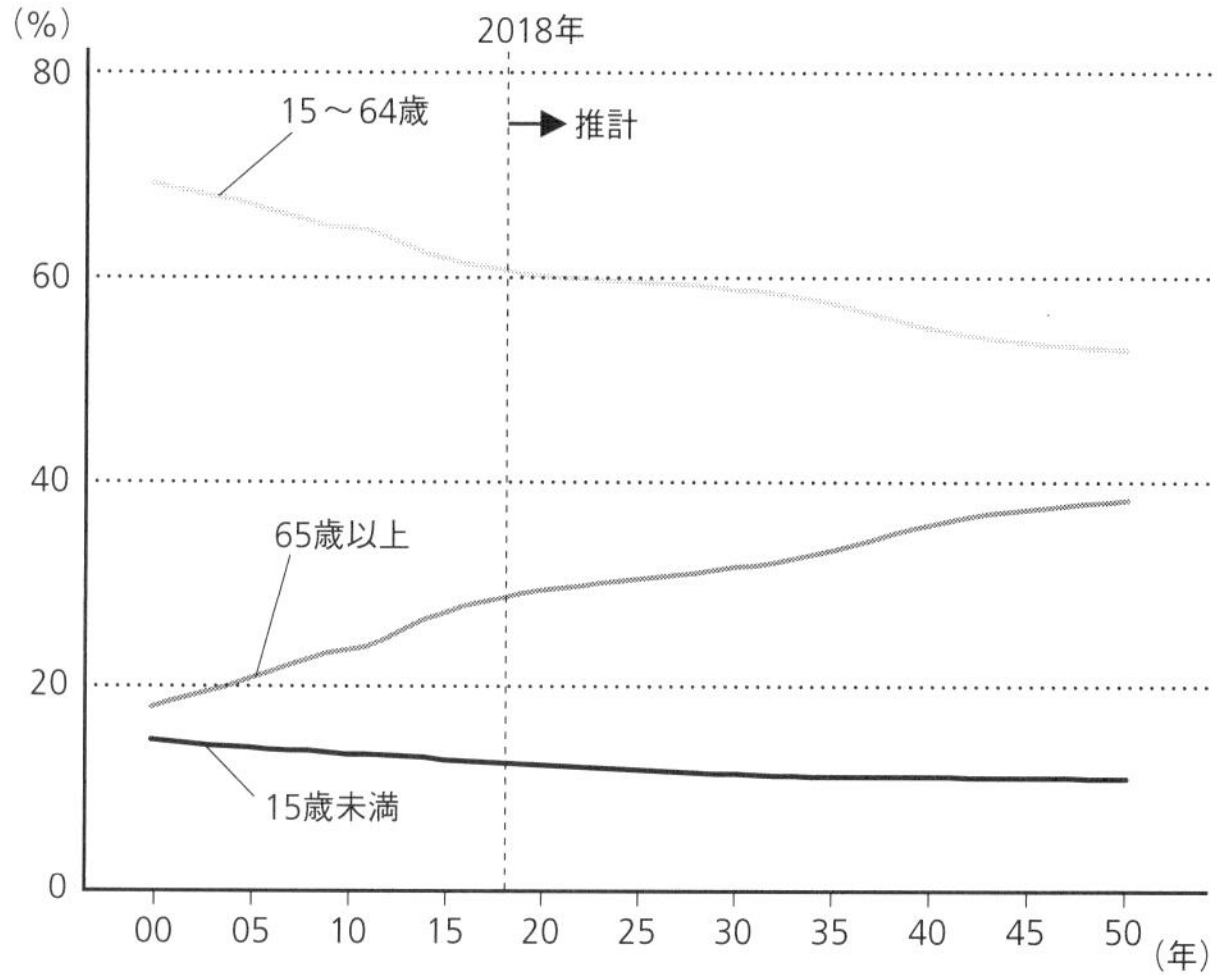


出典）総務省「人口推計」、国立社会保障・人口問題研究所「日本の将来推計人口」

制度はほぼ確実に破綻します。生産年齢人口の過度な減少によって、所得税・住民税・社会保険料などの歳入が不足する一方、高齢者人口の増加が続くことで、年金・医療・介護などの社会保障費が膨張していくのは避けられないからです。

　政府は、このあまりにも脆弱《ぜいじゃく》な年金制度の持続可能性を高めるために、厚生年金の支給開始年齢を２００１年度から２０２５年度にかけて、段階的に60歳から65歳へと引き上げている途上です。

　それだけではありません。厚生

年金の平均月額は最も高かった1999年度の17万7000円から2017年度の14万7000円へと、実に17％も減らされています。実際には、2004年度に老年者控除など各種の税控除が廃止・縮小されたのに加えて、2010年度より年金から天引きされる医療保険料・介護保険料は増え続け、年金受給者の手取り額はもっと減らされているのです。

高齢者の主な収入である公的年金は、今後も少子高齢化によっていっそうの先細りが避けられません。5年に1度行われる厚生労働省の財政検証によれば、2019年度の所得代替率（高齢者が受け取る年金額が、現役世代の手取り収入額（ボーナス込み）の何％であるかを表す比率）は61・7％となるものの、今後の経済状況が最も好ましいシナリオで推移したとしても、所得代替率は2046年度に51・6％まで下がってしまうというのです。

つまり、現実離れした賃金上昇率や物価上昇率を前提としても、所得代替率の50％維持が精いっぱいなのが実情というわけです。

## 意外と知られていない欧州の年金事情

ここで、年金制度の歴史を振り返ってみましょう。世界で初めて公的年金制度をつくったのは、ドイツ帝国の初代宰相ビスマルクです。創設された１８８９年当時のドイツの平均寿命が47歳だったのに対して、年金の支給開始年齢は満70歳と定められていたので、国民の大部分は年金制度の恩恵を受けることができませんでした。当初のドイツの年金制度とは、国民は国家に奉仕すべきという考えに基づいてつくられた仕組みだったのです。

それが第二次世界大戦後の欧州各国では、年金制度が豊かな老後生活を送るための国民の既得権益と化し、選挙の結果を大きく左右する要因になってしまいました。そうしたなか、２００９～２０１２年に欧州で債務危機が起こると、歳入より歳出が多い財政の改革の一環として、各国政府は国民の反対を押し切り、年金の支給開始年齢を引き上げ始めています。

たとえば、ドイツの定年は日本より高い65歳ですが、年金の支給開始年齢を２０１２年から段階的に引き上げ、２０２９年に67歳にするといいます。フランスも２０１６年から引き上げを始め、２０２２年には67歳にするということです。当然のことながら、両国とも年金の支給開始年齢の引き上げに合わせて、定年をさらに延長する予定です。

昨今の欧州では、年金はどの国の政府にとっても泣きどころです。年金の支給開始年齢の引き上げによって、既存の大政党がことごとく衰退し、ポピュリズム政党が台頭する一因にもなっているのです。欧州のなかで経済がもっとも安定しているドイツでも、年金の支給開始年齢を引き上げる途上で中高年層の不満が高まり、極右政党の勢力が拡大するきっかけになっています。

日本より少子高齢化が進んでいないうえに、日本より平均寿命が短い国々で、日本より支給開始年齢を引き上げている動きを見ると、日本の年金制度の健全化は一歩も二歩も遅れているといわざるをえません。長年にわたって選挙を意識するあまり、少子高齢化に関する真剣な議論を避けてきた政治にも問題がありますし、そういった日本の実情を知らぬふりしてきた国民にも問題があると思います。

## 本格的な悪化は2030年代から

日本で公的年金制度が始まった1961年当時、男性の平均寿命は66・03歳、女性は70・79歳にすぎなかったため、60歳から始まる厚生年金の受給期間は男性で6・0年間、女性で10・8年間しかありませんでした。

ところが今や、男性の平均寿命は81・25歳、女性は87・32歳となり、男性が15・22歳、女性が16・53歳も延びています。平均寿命の延びに応じて支給開始年齢を65歳から少なくとも5歳、普通に考えれば10歳は引き上げなければ、日本では長い老後が社会保障制度の破綻を招いてしまうでしょう。

先ほども述べたように、日本は2042年に高齢者数がピークに達し、2065年に高齢化率がピークを迎える見通しにあります。少子高齢化の悪影響がもっとも深刻化するとみられるのが、2030年代からの30～40年の期間です。このような悪化の一途をたどる状況を克服するためには、とにかく働く人を増やしていくか、働く人の生産性を大幅に引き上げるか、ふたつの方法しかありません。

現実的には、前者の方法が唯一かつ確実な方法になります。具体的には、会社員の定年を引き上げて高齢者の就業者数を増やすと同時に、経済や社会保障制度の支え手をできるだけ減らないようにしていくしかないのです。

## 定年引き上げの必然性とメリット

これからの日本では、生産年齢人口が絶対数でも人口比でも大幅に減少していきます。同じように、将来の生産年齢人口になる年少人口も、絶対数と人口比でともに減少していきます。その帰結として、現行の社会保障制度の持続可能性を脅かすだけではなく、深刻な人手不足や消費の低迷をもたらし、日本経済をじわじわと蝕んでいきます。

このような大きなマイナスの作用に負けまいとする有効な手段が、平均寿命の延びに合わせた定年の引き上げです。たとえば、定年を70歳や75歳に引き上げて高齢者の就業が増え続けていけば、日本の社会システムにとって次のような改善策が提供されるからです。

①年金の支給開始年齢の引き上げなど、社会保障改革を推し進める環境がつくりやすい
②就業者数が増えることで社会保障制度の支え手を増やしていくと同時に、深刻な人手不足が緩和される
③健康寿命が延びることで、医療費や介護費の削減に効果を上げる
④長生きに合わせた就業で収入が確保でき、高齢者の将来不安が和らぐ

図表1-3　年齢区分別対前年同期比就業者の増減（2000～2018年）

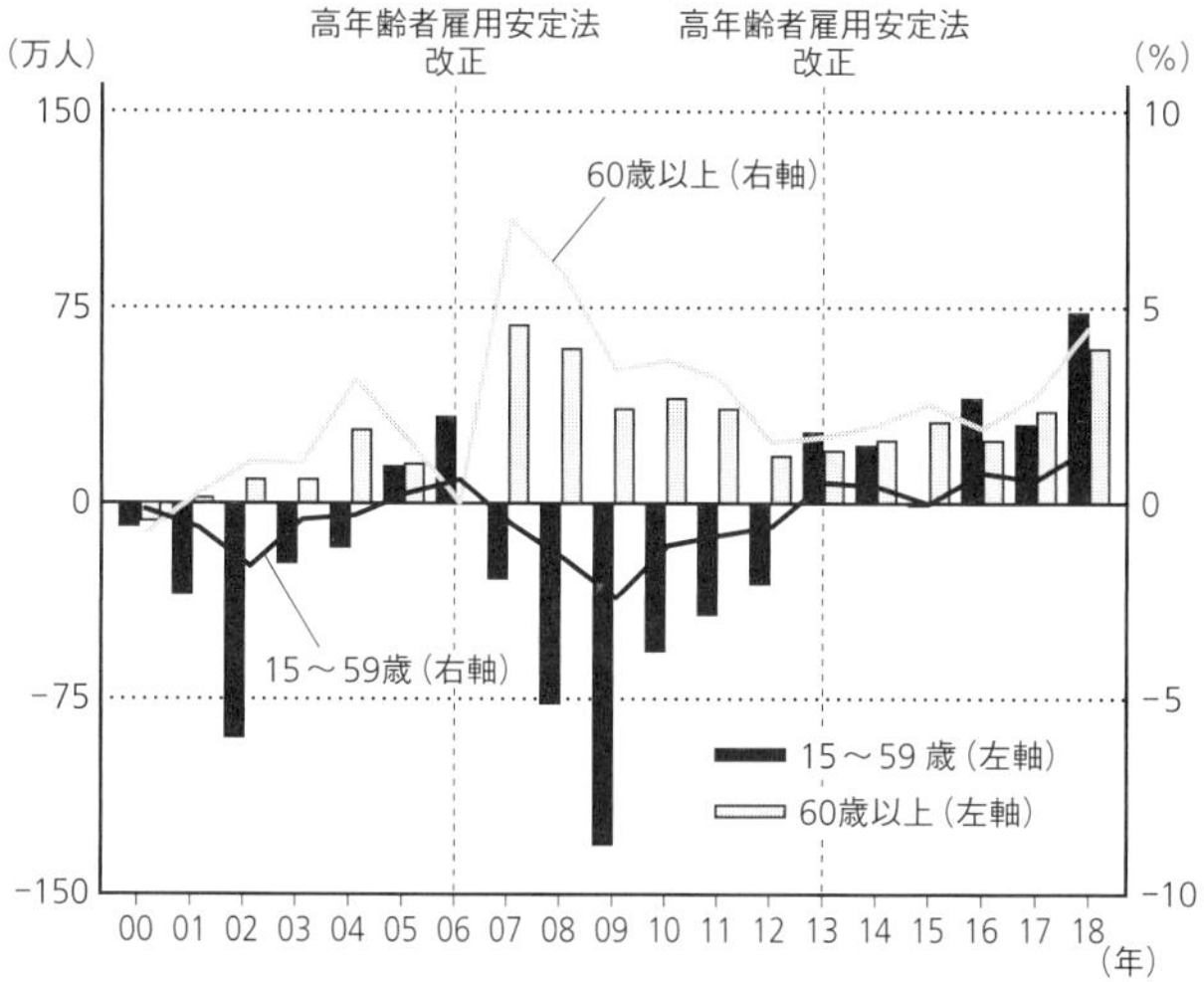


※左軸は就業者の増減数。右軸は増減率　出典）総務省「労働力調査」

こうした効果を期待している政府は、10年以上前からすでに手を打ち始めています。2006年に改正された「高年齢者雇用安定法」では、定年の引き上げまたは廃止か、定年後の65歳までの再雇用か、企業に対してふたつのいずれかを選択することを義務づけました。さらに2013年に改正された内容では、2025年度までには企業が社員を65歳まで雇用することを義務化しました。

その甲斐もあり、定年後の就業人口は着実に増え続けています。多くの企業ですでに定年を60歳に維持したまま、定年に達した人々を嘱託社員（給料は定年前から大きく減る待遇）などで再雇用する仕組みを取り入れた結果、総務省の労働力調査によれば、2008年から2018年までの10年間に、生産年齢人口は685万人も減ったのに対し、60歳以上の就業者数は315万人も増えているのです【29ページ、図表1－3】。このうち、2018年の60〜64歳の就業率は68・8％と、10年前に比べて11・6ポイントも上がっています。

**定年を撤廃する大手企業**

2018年の時点で、法定の65歳を超えて希望者を再雇用する企業は、全体の27・6％程度にとどまっています。ところが少子高齢化を乗り越えるためには、年金の支給開始年齢を65歳からさらに引き上げなければならないので、その事前策として企業の雇用義務が2020年代前半には70歳へと延長されていく流れができあがってくるでしょう。

政府は人生100年時代の到来を見据えて、定年後の継続雇用を70歳まで引き上げる「高年齢者雇用安定法」の改正案を2020年の通常国会に提出する予定です。企業が努力義務として取り組まなければならないのは、70歳まで定年を延長するだけではなく、定年後の他の企業への再就職なども実現できるようにすることです。当初は負担が増える企業の反発を抑えるために、70歳までの雇用は「努力義務」にするということですが、その後5年以内には法律で強制される義務化になることが既定路線だといえるでしょう。

この動きの一歩先を行っている大手企業のなかには、すでに定年を撤廃したところも散見されます。たとえば、大和証券グループ本社は２０１３年に営業職の社員を70歳まで継続雇用する制度を整えましたが、さらに２０１７年には営業職を対象に定年制度を撤廃しています。ファンケルも２０１８年、契約社員とパート社員の全９３８人を対象に、無期限に雇用継続ができる制度を導入し、生涯現役の時代が近づいていることを予感させます。２０２０年代にはこれらの企業を後追いするように、多くの企業が雇用継続できる年齢を大胆に引き上げていくことになるでしょう。

## 長生きというリスク

実際のところ、高齢者の間でも定年後に長く働きたいという人々が増え続けています。内閣府が２０１８年に行った調査によれば、65〜69歳の高齢者の65％は65歳を超えても働きたいと希望しています。現実に、この年齢層で２０１８年に就業している人の割合は46・６％と、10年前と比べて10・４ポイントも上昇しているのです。

人口減少社会が始まって10年になろうとしているなか、２０１８年の就業者数は６６６４万人と過去最高を更新しています。過去10年間に増えた就業者数のうち、年齢別では65歳以上の高齢者が54・６％増と高い伸びを示しているのは、年金の受給開始年齢の引き上げや、寿命の延びに応じた老後資金の増加に対応するためです。

世間を騒がせた金融庁の「老後資金が２０００万円不足する」という報告書でも述べられているように（この点については本章で後述します）、国民の間では長生きによって老後資金が底をつくリスクが強く意識されるようになっています。90歳まで生きる人の割合は１９９０年時点で男性12％、女性26％でしたが、２０１８年にはそれぞれ27％、51％とほぼ倍増しているからです。長生きする確率が上がっていることを考えれば、１年あたりで取り崩すことができる金融資産は確実に減っているのです。

政府は年金制度の維持という点からも、70歳まで働く人を後押しするということです。厚生労働省の新たな方針では、70歳を超えてからでも公的年金の受け取りを開始できるようになるといいます。70歳を超えた受け取りを選択した人には受給額を大きく積み増し、老後資金を確保しやすくする制度を考えているというのです。同省が2018年に公表した試算によると、70歳で厚生年金を受け取り始めるケースでは、「サラリーマンの夫と専業主婦のモデル世帯」は月額33万円の年金を受け取ることになり、65歳からの22万円に比べて月額11万円も多いといいます。

ただし、厚生労働省がいつも示している「サラリーマンの夫と専業主婦のモデル世帯」が標準的な世帯といえるかというと、実態とは大きな乖離《かいり》が生じています。2018年の時点で、専業主婦のいる世帯は12%程度にすぎず、共働き世帯の26%程度や単身世帯の35%程度を下回っているのです。将来の人口動態から推計すれば、2030年には単身世帯が38%となり、共働きは30%を超え、専業主婦のいる世帯は10%を下回っているでしょう。高度成長期とは世帯の構成が大きく変化しているという現実を踏まえて、新しいモデルの試算が求められているように思います。

2018年の生産年齢人口は7545万1000人、総人口に占める割合は59・7%となり、1950年以来で最低を更新しています。2030年には6875万4000人（2018年比669万7000人減）、2040年には5977万7000人（同

1567万4000人減)、2050年には5275万人(同2270万1000人減)と、足元から3割減少していく見通しです。国や政府・経済・社会の要請から2020年代前半に定年は70歳になり、就業したい高齢者の数はさらに増え、その就業者数も増え続けていくことが不可避なのです。

## 年金の受給開始年齢は75歳に!?

前項でも述べたように、政府は65歳までの雇用を企業に義務づけている高年齢者雇用安定法を改正し、当面は70歳までの就業機会が確保される社会づくりを目指す方針です。今のうちは70歳までの雇用を「努力義務」とする形を取っていますが、通常のシナリオでは2020年代半ばまでにはさらに法律を改正し、「努力」の文字が取れて「義務」になるのは既定路線といえます。

政府の最終的な目標は75歳定年が当たり前の社会に持っていくことでしょうが、私はおそらく2030年代に入る前には、75歳までの雇用を「努力義務」とする考えが示されることになると見ています(さらにいえば、「努力義務」ではなく「協力義務」という言い方に改めたほうが企業は受け入れやすい)。その後は70歳の時と同じように、75歳までの雇用の「努力義務」から「義務」への流れとなるのではないでしょうか。

厚生労働省はおよそ10年後のスケジュールの環境整備として、年金の受給開始年齢を75歳に遅らせることを検討し始めているといいます。今のところ、65歳以降に受給を遅らせる現行制度の利用者はわずか1％にすぎません。その利用率の少なさは保険料を長年にわたり支払ったのに、年金を受け取らずに亡くなれば大損してしまうという心理からも理解することができます。

それに加えて、現在は年金をもらい始める年齢を60～70歳の間の何歳からにしても、受給者が平均寿命まで生きた場合に受け取る年金の総額は変わらないように設計されています。基準となる65歳の支給額（＝基準額）を100％とすると、60歳に早めた場合は支給率が70％まで下がり、70歳に遅らせた場合は支給率が142％まで上がる計算になっているのです。このような制度設計では、受給開始年齢を遅らせるメリットはあまりありません。

厚生労働省は75歳まで働く社会を実現するために、まずは受給を遅らせる人の数を大幅に増やそうとしています。その有効な手段として、受給する年金額が基準額を目に見えて上回るというインセンティブをつける方針を固めています。将来的には75歳まで遅らせる場合、その支給率を基準額から200%程度まで増やす方向で検討を進めているようです。このケースでは、86歳まで生きれば得をする計算になり、メリットを強調することができるのです。

## 他国より日本の年金が少ない理由

日本の年金の給付水準は国際的に見て低いといわれていますが、それは給付期間が他の先進国と比べて極端に長いという理由があるからです。先にも別の数字を使って触れたように、公的年金ができた1961年当時の男女平均の受給期間が8年あまりだったのに対し、今では20年近くにも延びています。

おまけに、他の先進国では日本より平均寿命が短いうえに、支給開始年齢が日本より遅いため、男女平均の受給期間は10年程度にしかならないのです。

なぜ日本だけがこうした大盤振る舞いを許されてきたのか。それは、日本人の平均寿命が大幅に延びているにもかかわらず、歴代の政権が高齢者の反発を恐れて必要な説明と手立てを講じてこなかったからです。そのため、国民から見た年金制度の信用度は落ち込む一方になり、現役世代を中心に将来の不安から貯蓄に励む傾向がずっと続いてきています。私は日本の年金の受給期間を他の先進国並みに合わせろとまではいいませんが、まずは70歳を受給開始年齢とする検討を速やかに始め、その後の75歳への引き延ばしまでの行程も含め、しっかりと丁寧に国民に説明する必要があるのではないかと思っています。

定年の75歳への引き上げは、働き手を増やすことで膨らむ年金支給額を抑えると同時に、健康寿命を延ばすことで医療費や介護費の膨張を堰き止めることもできます。高齢者の労働参加率が高い地域では、高齢者1人あたりの医療費や介護費が少ないという因果関係がはっきりと認められているからです。

また、実証するデータがあるわけではありませんが、働くことは脳を使うことにもつながるので、高齢になると発症することが多い認知症の予防としても期待ができます。世界でトップクラスの長寿社会を実現した代償として、日本は認知症の患者数の比率が世界でもっとも高い国でもあります。内閣府が作成した資料によれば、2015年の時点で65歳以上の認知症患者は517万人（65歳以上の15％）だったということです。

現時点ではその患者数は600万人台に増えているかもしれませんが、仮に高齢者の雇用が増えて患者数を1割でも2割でも削減できれば、その効果は決して馬鹿にできません。

## 高齢者と若者とでは求められるスキルが違う

そのうえ、先ほども触れたように、定年後も働きたい人々が増えています。2018年時点では、70歳以上の就業者の割合は13％にすぎなかったのですが、日本経済新聞をはじめメディアが行っている世論調査では、70歳を超えても働きたいと思っている人は全体の3割程度になっています。高齢者の雇用と年金のあり方が変わっていくことによって、高齢者にあたる世代の働きたい気持ちは今後ますます高まっていく情勢にあるでしょう。

高齢者の雇用が増えると、若者の処遇に悪影響を与えるとの懸念もありますが、私は若者への直接的な影響はあまり大きくないだろうと考えています。そもそも企業が高齢者に求めるスキルと若者に求めるスキルとでは、基本的に異なる場合が多いからです。体力面や経験値などに差がある高齢者と若者とでは、活躍できる分野が違うことが多いため、会社という組織のなかでは補完し合う関係にあるともいえます。しかも、高齢者のなかにやりがいを持って仕事をする人が増えていけば、生産性のいっそ

う の向上だけでなく、健康寿命のさらなる延びも期待できるでしょう。

さらに第2～3章で説明することですが、企業による新卒一括採用が通年採用に徐々に切り替わっていくことで、終身雇用や年功序列の制度が崩れていく流れが決定的になってきます。優秀な若者を雇うべく若者全体の給与が引き上げられる代わりに、中高年全体の給与が引き下げられるという動きが、あらゆる企業で起こってくるからです。つまり、雇用のあり方が、従来のように勤務地等の労働条件が限定されない「メンバーシップ型」から、それらを限定した、欧米では一般的な「ジョブ型」へと大きく変わろうとしているなかで、若者であろうと中高年であろうと、企業が求めるスキルを持たない人は以前と同じ条件で雇う必然性がなくなっていくというわけです。

これから10～20年のスパンで見れば、政府は企業の雇用義務を75歳まで延長し、事実上の定年消滅＝生涯雇用制度へのシフトが進んでいきます。そこで高齢者の生き方として重要な視点となるのが、社会の高齢化が進むのに伴って高齢者の1人世帯が増え続けていくなかで、高齢者ひとりひとりが経済や社会とつながっていくということです。

平均寿命が延びたという恩恵を日本の経済・社会が十分に享受するためには、高齢者が今後も通用するスキルを用いて、あるいは、今後も通用するスキルを新たに取得して、活躍できる場所を主体的に探していくことが求められているのです。

## 現行の再雇用制度の弊害

現状、大多数の企業では、定年を迎えた社員は再雇用の扱いとなり、給与を一律で3割程度下げるといった制度が定着しています。まだ3割程度の下げならマシなほうかもしれません。大手企業でも2分の1になるケースがあるくらいです。厚生労働省の賃金構造基本統計調査によれば、企業規模10人以上の企業に勤める60〜64歳の2018年の平均給与は月27万9000円と、55〜59歳の37万1000円を大きく下回っています。

年齢だけを理由にして一律で給与を下げるという仕組みは、再雇用者のモチベーション低下をもたらしていることは間違いありません。それが企業の生産性の低下につながっていることを考えると、今の再雇用の制度は企業の成長のために上手く機能しているとはいえません。とくに優秀なシニア人材（60〜65歳）は、労働力不足に悩む多くの企業が相応の給与で採用したいと考えているので、給与が大幅に下がる元の企業にわざわざ残留する必要はないからです。

たとえば、知識やスキルを持っているエンジニアは給与の大幅な引き下げを嫌がって、中国や韓国など新興国の企業に転職するケースが相次いでいます。知識やスキルに見合った給与を出さないことが、貴重な人材の流出に結びついているのは残念でなりません。こうした状況を改善するために、定年後のシニア人材の給与を一律に下げるのをやめて、個人の専門性や能力に応じて待遇を大幅に見直す企業が増えているのです。

労働市場の原理でいえば当然のことですが、その原理を無視してきた日本型の雇用慣行に見直しの気運が高まってきています。現行の再雇用の制度の弊害に気付いた企業のなかには、再雇用後も職務内容と職務責任に応じて評価や給与を決めるところが現れています。その結果として、定年前より給与が上がる人が決して多いとはいえないものの、スキルや実力に基づいた評価によって、秀でた人材の流出が止まる兆しが出てきているといいます。

## 優秀なシニア人材の流出を防ぐ仕組み

具体的な事例では、システム開発大手のＳＣＳＫが２０１８年に導入した「シニア正社員制度」は、高度なスキルを持つシニア人材に活躍してもらうための制度となっています。ＩＴ業界では専門性の高い人材不足が深刻であるため、優秀な人材に定年後も働き続けてもらうには、会社への貢献度や専門的な能力によって報酬に大きく差をつける手法が魅力的に映るといいます。高いスキルを持つシニア人材が同社の制度を活用すれば、これまでよりも多くの報酬が得られるようになるというのです。

優秀な人材が社外や海外に流出するのを防ぐためにも、シニア人材の雇用が定年後の給与の一律引き下げから始まるのではなく、能力や実績に応じて給与が変わる環境が徐々に広まってくるのは、もはや避けられません。次の第2章では、新卒一括採用から通年採用への移行に連動して、企業の人事制度が大きく変わることについて述べていますが、高齢者世代（シニア人材も含む）の雇用拡大に関しても、生産性の向上とは必ずしも一致しない年功序列型の給与体系など、日本の雇用慣行を大幅に見直していく契機になるはずです。

２０００年代から経済のグローバル化が進み、２０１０年代後半から経済のデジタル化が押し寄せている状況下で、大手企業のなかでも一部ではすでに、今までの雇用制度を続けていては将来が危ういということに気付き始めています。

そういった将来の危機を回避するためには、社員が仕事に対して情熱・やりがい・満足感などを得られるようにすることが求められています。若い世代から高齢者世代まで年齢を問わず、職務内容や実績に基づいて報酬・待遇を決める透明性の高い仕組みづくりが不可欠であるというわけです。

## 定年引き上げが終身雇用の終わりを招く

しかし、そういった仕組みづくりは良いことばかりではありません。専門性やスキルがない人々は競争から零《こぼ》れ落ちてしまうという負の側面も持っているからです。企業のなかには定年の延長について、総人件費がさらに増すことに危機感を抱いているところが少なくありません。そのため多くの企業では、人手不足で上昇幅が大きい若手の人件費をまかなう手段として、一定の年齢に達した段階で管理職から外れる、いわゆる「役職定年」の強化に乗り出しています。50代半ばの役職定年で給与を1~3割引き下げておいて、定年後の再雇用でもさらに給与を大幅に下げるというケースを想定しているのです。

このような動きは、日本固有の年功序列の給与制度がすでに壊れ始めていることを示唆しています。実のところ、定年引き上げの流れは表層的には終身雇用の制度を守

**図表1-4　高齢者世代の雇用が年功序列を破壊する理由**

| | |
|---|---|
| ① | 再雇用の制度は一律で給与を３割下げるため、優秀なシニア人材が中国や韓国など新興国に流出している |
| ② | 人材の流出を避けるために年齢を問わず、個人の専門性やスキル、職務内容、実績に応じて待遇を大幅に見直す企業が増えている |
| ③ | 高齢者世代が仕事に対して情熱・やりがい・満足感などを得られる仕組みづくりが求められている |

っているように見えるかもしれませんが、実質的には企業に年功序列の給与制度をあきらめさせ、ひいては、終身雇用の制度をも否定する結末を導き出す要因のひとつになっていくのではないでしょうか。

そもそも今まで終身雇用が機能していたのは、過去のものとなりつつある大量生産・大量消費の時代において、会社に従順な社員を長時間労働させることに成功していたからです。会社は社員とその家族の一生を保障する代わりに、社員の定期的な人事異動を繰り返すことによって、平均的に何でもできる便利な社員（＝専門性の高いスキルを持たない社員）を育ててきたのです。

そのような雇用環境のなかでは、専門性やスキル、モチベーションといった考え方はあまり存在していませんでした。人口が順調に増加していて、人々ががむしゃらに働いていた時代、企業はそれだけで成長することができたので、社員の能力によって給与にあまり差をつける必要性もなかったからです【図表1－4】。

## 必要なのは「仕事は楽しみながらする」という価値観

かつて日本人は一億総中流といわれたほど格差とは縁遠かったわけですが、人口減少が続き、デジタル化で変わらざるをえない経済・社会では、個人の能力の優劣や有無によって、格差の拡大＝二極化が進む社会に足を踏み入れつつあります。企業は社員の能力と成果によって、報酬に明確な差をつける傾向を強めていかないと、生き残ることができないからです。

大したスキルを持っていない高齢者世代にとっても、これからの新しい企業社会で生き抜いていくカギは、「仕事は楽しみながらする」という価値観を取り入れることができるかどうか、という点です。

圧倒的多数の中高年の人々にとって、仕事とは「生活のためにするもの」「つらくて憂鬱なもの」であり、「楽しむもの」だという発想が乏しいのではないでしょうか。この重要な点が近年の若者との大きな違いでもあるのですが（第2章参照）、中高年の人々が自ら興味がある仕事を見つけて、その仕事を楽しむという発想が持てるようになれば、仕事へのモチベーションも上がり、生産性も上がるということは、実証的なデータがなくとも十分イメージできるでしょう。

18世紀後半にイギリスで軽工業を中心に起こった産業革命しかり、1950年代から始まったコンピュータの普及に伴う情報革命しかり、めざましい技術革新が世界に広がっていく過程では、それに適応したキャリア形成やスキルの取得が追い付いていかず、キャリアが途切れてしまう世代があります。

しかし幸運なことに、ITやAIが発達している社会では、新しいスキルを身に付けようとする意欲を強く持ってさえいれば、キャリアの断絶を乗り越えられる環境が整っているのです(第2〜3章参照)。従来の高齢者世代の雇用に対する否定的なイメージは、根本から改められる可能性を秘めています。

## 高齢者の定義を変えてみると…

平均寿命や健康寿命が延びるだけでなく、誰もが当たり前のように75歳まで働くことができる社会になれば、高齢者の定義そのものが今の「65歳以上」から「75歳以上」へと変わっていくでしょう。これまでのように、増えるばかりの65歳以上の高齢者を減り続ける現役世代で支え続けるのが成り立たないことは、多くのみなさんが漠然ながらも理解していることと思います。

将来の人口推計に基づけば、2020年の65歳以上の人口は3619万人で、総人口に占める割合は28・9%になります。その10年後の2030年と20年後の2040年には、65歳以上の人口はそれぞれ3716万人、3921万人に増えていて、人口に占める割合もそれぞれ31・2%、35・3%に上がります。

これに対して、2030年と2040年における75歳以上の人口はそれぞれ2288万人、2239万人で、人口に占める割合は19・2%、20・2%になると推計されています。しかも、高齢化率がもっとも高まる2065年には、65歳以上の人口は38・4%にまで上昇しますが、75歳以上の人口であれば25・5%に収めることができます。

要するに、高齢者の定義を75歳以上に変えれば、2030年、2040年、2065年の高齢者の人口および比率は、現在のそれ（2018年の65歳以上の人口3561万人・比率28・2%）よりも少なくて済むというわけです。

**図表1-5　高齢者人口の比率推計**

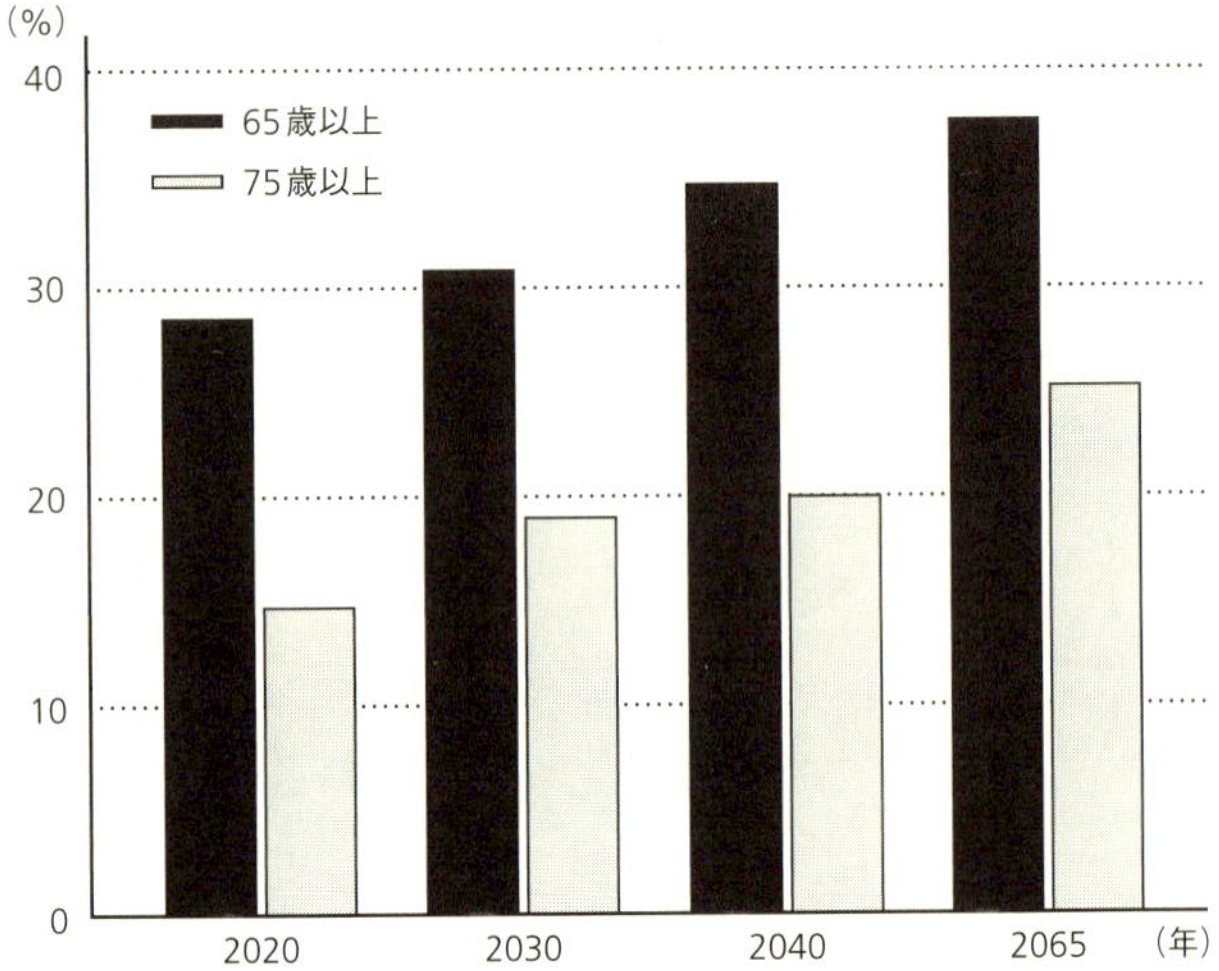


出典）国立社会保障・人口問題研究所「日本の将来推計人口」

財政上の収支の面からも、社会保障制度の維持という点からも、経済規模の維持という点からも、現役を引退して社会に支えられる側の人々を絞り込むと同時に、就業する人々を増やして社会を支える側をなるべく減らさないという、一石二鳥の作戦しか日本に残された選択肢はないといっても差し支えないでしょう【図表1－5】。

### 今から備えておくべきこと

新たな定義における高齢者（＝75歳以上）になる前に、今から備えておきたいことについて触れたいと思います。そのひとつめは、老後を安心して暮らすには決して年金だけに依存してはならず、自己の責任において長い人生の資金計画を立てておくということです。日本人の寿命は予防医療や先進医療の発展により、今後も延びる可能性が極めて高いといわれています。長生きのリスクに対して、できるだけ早い時期から備えておく必要があるのです。

２０１９年６月、金融庁が所管する金融審議会の市場ワーキング・グループによる「高齢社会における資産形成・管理」と題する報告書では、厚生労働省や総務省の調査データを用いて、夫が65歳以上・妻が60歳以上の夫婦が年金収入だけに頼った生活をしていると、20年で約１３００万円、30年で約２０００万円が不足すると試算しています。この報告書はさまざまなメディアで取り上げられ大きな話題となりましたが、金融庁が国民に強調したかったのは、２０００万円を預金するということではなく、積み立て分散投資など長期の資産運用で備えなさいということです。

しかしながら、金融庁の報告書における試算はあくまで厚生年金受給者の平均値(毎月19万１８８０円)に基づく推計にすぎないので、個人ひとりひとりの収入や住んでいる地域によって幅を持って見るべきでしょう。たとえば、定年がなく国民年金が中心の自営業者やフリーターの場合、たとえ保険料を40年間支払い続けたとしても、満額で月額6万5000円程度（年額78万96円）しか受け取ることができず、その程度の給付では基礎的な生活費をすべて賄うことは不可能だからです。

国民年金のみの受給者は2018年で1471万人ですが、2030年には1210万人、2040年には990万人になる見通しです。実際に今でも、国民年金のみの加入者の7割程度が70代前半まで働いていますが、それは年金収入だけではとても生活ができないので、できるだけ長く働かざるをえないという事情があるのです。老後に備えて相応の貯蓄をしておかなければ、生活保護に依存する可能性が高いという現実があるなかで、10年後や20年後には国民年金受給者の大多数が75歳を超えて働いているのが普通の世の中になっているでしょう。

総務省の家計調査報告によれば、高齢者の2018年の平均貯蓄額は2284万円となっていますが、今の高齢者は1960〜70年代の高度経済成長期に貯蓄を増やすことができたというメリットがありました。これに対して、低成長経済・超低金利・少子高齢化が重なる今の現役世代には、貯蓄や資産運用による老後設計は自ずと限界があるはずです。その証左として、世帯主が30代以下、40代の家計の貯蓄はそれぞれ600万円、1012万円しかないのに、負債はその貯蓄額を超える1248万円、1105万円となっているからです。

金融庁の報告書の目的というのは、若い世代に対し、将来に備えて資産運用をすすめる狙いがあったのですが、今の現役世代の若手から中堅までは、貯蓄よりも負債のほうが大きく、とても資産運用どころではないという現実を直視しなければなりません。

そうなると、長生きに備えるためには、あるいは老後の生活水準を維持するためには、できるだけ長く働いていくことによって、定期的な収入を継続的に得ることが最善の方策になります。そういった覚悟を今のうちから持つことこそ、高齢者になる前に備えておきたい姿勢であるといえるでしょう。

## あきらめるのはまだ早い

高齢者になる前に今から備えておきたいふたつめは、たとえば現在引き合いが強いデータ分析やマーケティングなど、今後の企業社会で通用するスキルを持っていない場合、それを新たに身に付けて絶えず更新していくということです。スキルを身に付けたり磨いたりするトレーニングは、何も若い世代だけではなく、40代でも50代でも

60代でも求められるようになっていきます。いくつになっても学びは大切だという意識を持って、自らの興味や好奇心の幅を広げていくことが、納得できる人生の重要な手がかりになると思っています。

ホワイトカラーのシニア人材における雇用では、事務処理などの平易な仕事に従事しているケースが多いという現状がありますが、そもそもそういった仕事は将来的にＲＰＡ（ロボティック・プロセス・オートメーション）と呼ばれる自動化ソフトやＡＩによって代替されていくので、仕事の大半はなくなってしまうという事態を想定しておく必要があります（第2章参照）。結局のところ、自分がシニアになってから仕事を奪われないようにするためには、新しいスキルを身に付けることや、自らのスキルを磨き続けることがどうしても欠かせないというわけです。

そうはいっても、たとえホワイトカラーの仕事であっても、豊富な現場の知識とノウハウがあり、それを若手にわかりやすく教えることができるベテラン社員は、高齢者世代になっても会社にとっては貴重な人材になるはずです。わかりやすく教えるというのは、ひとつの立派なスキルなので、それが身に付いている人は、定年後に同じ会社で再雇用になっても、違う会社に転職することになっても、首尾よくやっていけるでしょう。

いずれにしても、日本の経済・社会は少子高齢化を乗り越えるために、定年延長・通年採用・中途採用を標準化させていきますので、そういった未来では自らのスキルを高めることが何よりも重要になります。新たなスキルを身に付けるには50代や60代では遅いのではないかという意見があるかもしれませんが、第2章と第3章で詳しく説明するように、新たにスキルを身に付ける時間は十分にあるという環境が整いつつあります。50代でも60代でも決して遅いということはないのです。

経済のデジタル化が進む以前の世界であれば、ひとつのスキルを身に付けるのに10年ないし20年の時間を要するとされてきました。しかし今では、何をすればどんなスキルが身に付くのか、何をすれば短い期間で修得できるのか、デジタルの世界がITやAIを駆使して教えてくれるのです。

本人にやるぞという心意気があれば、現役世代に劣るということは決してありません。これまでの仕事に対する価値観をがらっと変えて、やりがいを持って仕事をすることができれば、実りある人生を送ることができるはずです。

# 第2章　大きく変わる企業の採用

## 日本人の価値観の変化

大学生の就職関連ビジネスを手掛ける企業のさまざまな調査によれば、今の若者の仕事に対する価値観は、第1章でも指摘したように、中堅や年輩の会社員と比べると、大きく変化してきていることが明らかになっています。

2019年および2020年の新卒学生に「就職先を確定する際に決め手になった」理由を問いかけたところ、「自らの成長が期待できる」という回答がトップや上位に躍進し、かつては上位にあった「安定性がある」「知名度がある」「年収が高い」といった企業の評価に関する回答を上回る傾向となっています【図表2－1】。また、「何のために働くのか」と尋ねたところ、「自分を成長させるため」がトップになるケースが多く、「働くうえで重視すること」については「スキルや知識を身に付けること」「自分の成長を実感すること」などが上位を独占する結果となっています。

その一方で、新卒学生の大半が「自分にもっと合った会社があれば転職したい」と考えていて、「定年まで同じ会社で働きたい」と答える人は少数派であることがわかっています。若者にとっての会社とは、あくまで自らが経験を積みながらスキルや

**図表2-1　「就職先を確定する際に決め手になった」理由（2019年）**

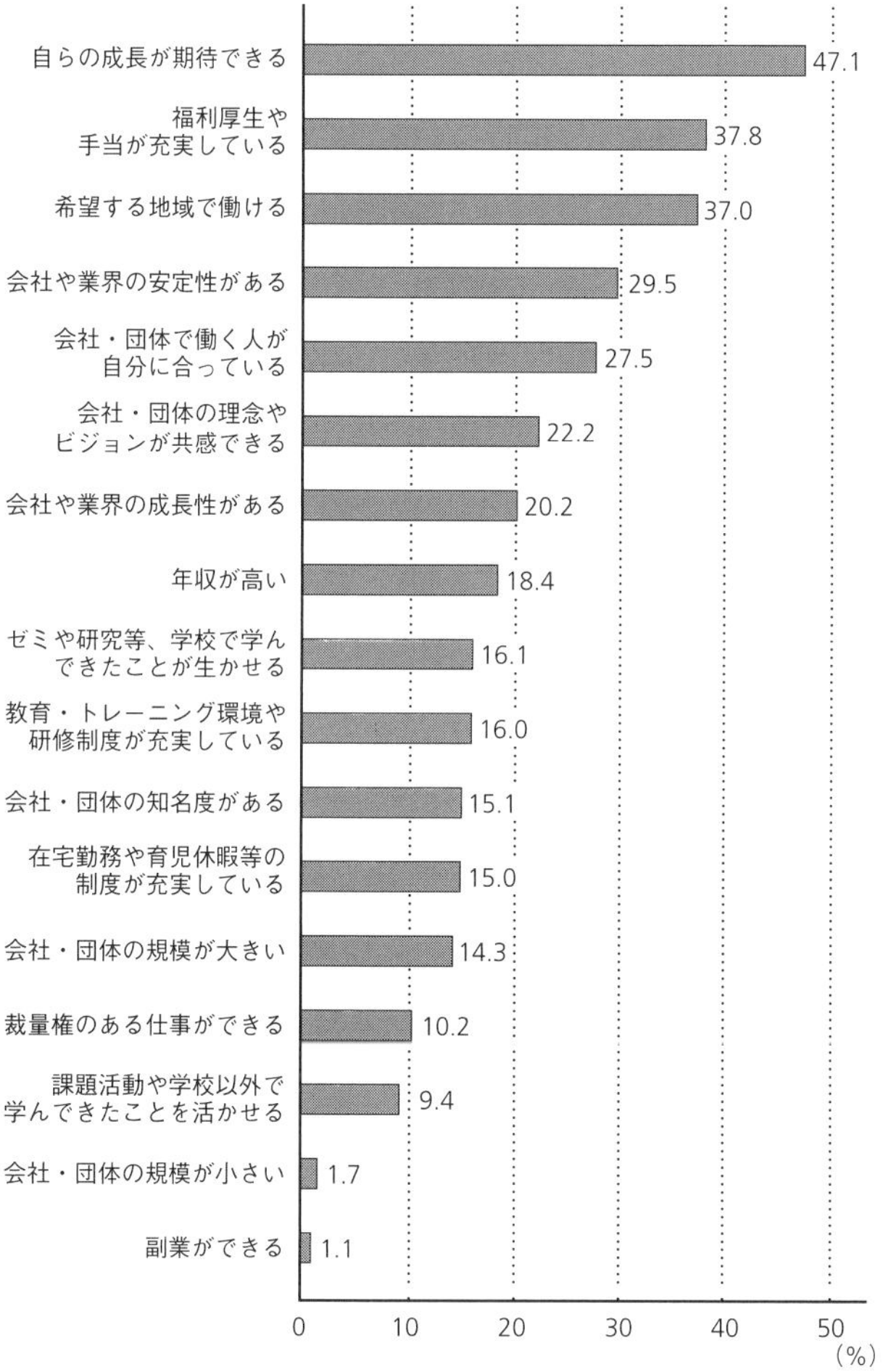


出典）リクルートキャリア、複数回答可

**図表2-2　新入社員は今の会社で何年働くと思っているか（2019年）**

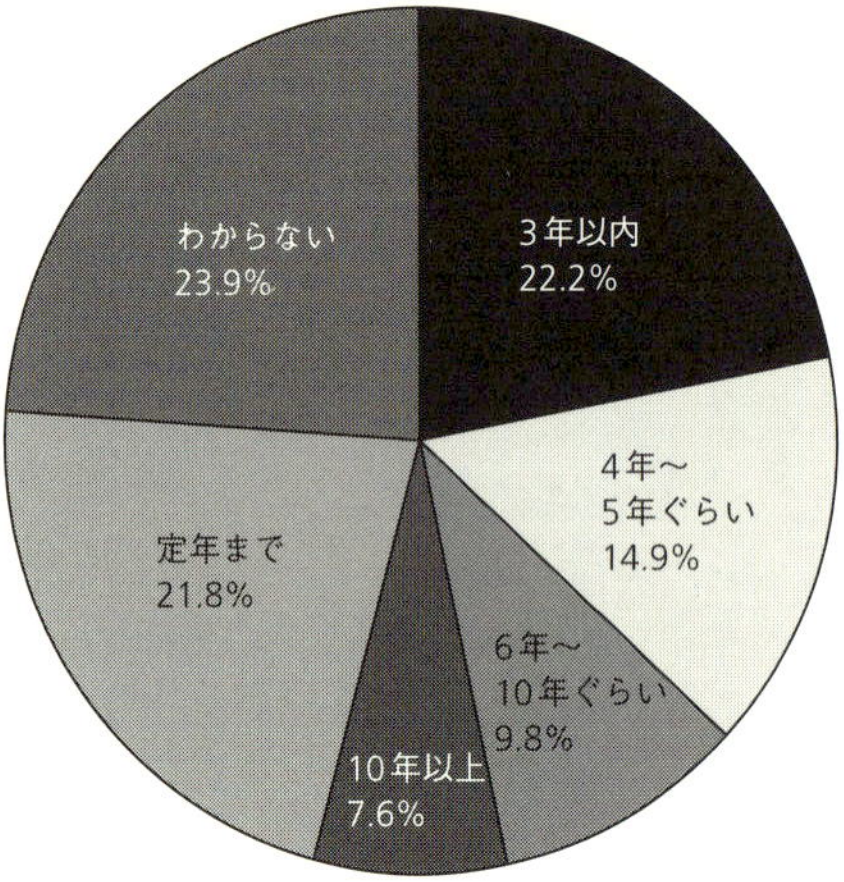


出典）マイナビ「2019年新入社員1カ月後の意識調査」

知識を身に付ける場所であり、長くとどまる必然性はないという位置づけにあるのでしょう【図表2－2】。

そういった転職への抵抗感が大きく薄れている状況を反映しているせいか、新しい働き方として兼業や副業への関心も高まっています。「兼業・副業をしたい」と回答した人の割合は3〜5割の範囲に達し、兼業や副業の具体的な内容では「趣味を生かした仕事」という答えがもっとも多いということです。ひとつの勤務先に依存しない収入源を持ちたいと考える若者が増えてきているのです。

若者の価値観のその他の特徴として

は、「長時間労働がないこと」や「有給休暇が取りやすいこと」を希望する若者が増えているかたわら、「長時間労働でも構わない」と考える若者は大幅に減ってきています。20〜30年ほど前は、栄養ドリンク剤「リゲイン」のCMで歌われていたように長時間働くことが美徳とされていたのですから、それを思い浮かべると隔世の感があります。

## 人材獲得競争の勝敗を決めるもの

このように、若者の仕事に対する価値観は男性と女性の区別なく、キャリア形成のためにスキルを習得することを強く志向するようになっています。働くのは「自分を成長させるため」との回答は40代より30代、30代より20代でその割合が高くなり、成長できない環境ならば転職すればいいというのが、今の若者の選択肢であるのです。

仕事を成長できる環境でこなしながらプライベートでも充実したいという、上の世代にとってはなんとも贅沢な条件を望んでいるというわけです。

そのことは、新卒学生に人気がある企業のランキングを見ていてもうかがい知ることができます。ランキングを上げた企業のなかには、自らが成長できるというイメー

**図表2-3　2020年卒の大学生の人気が上昇した主な外資系企業**

| 2020年卒順位 | 2019年卒順位 | 企業名 |
|---|---|---|
| 61 | 86 | 日本アイ・ビー・エム |
| 62 | 126 | ＰｗＣコンサルティング |
| 63 | 110 | デロイト トーマツ コンサルティング |
| 83 | 100 | アマゾンジャパン |
| 126 | 172 | ネスレ日本 |
| 160 | 194 | 日本ロレアル |

出典）キャリタス就活2020

ジが持てる外資系企業が目立ち始めてきています【図表2－3】。競争が激しい外資系企業では、2～3年で昇進できなければ別の就職先を探すという「アップ・オア・アウト（昇進か、退職か）」という考え方が、当たり前とされています。ただし、今の若者には必ずしも昇進したいという人が多くはないので、全体としては「成果を残すか、成果を残さず退職するか」といった意味合いのほうが正しいのかもしれません。

いずれにしても、今の若者の仕事観は東京大学の学生の近年の就職先にも表れ始めています【図表2－4】。かつては安定性や知名度が高いという理由から大企業や中央官庁に就職する学生が多かったのですが、今ではベンチャー企業やスタートアップ企業に就職する学生が増加基調にあるとい

**図表2-4　東大生の就職先ランキング**

<table>
<tr><th>2018年度卒<br>順位</th><th>企業名</th><th>2013年度卒<br>順位</th><th>企業名</th></tr>
<tr><td>1</td><td>三井住友銀行</td><td>1</td><td>三菱東京UFJ銀行</td></tr>
<tr><td>2</td><td>アクセンチュア</td><td>2</td><td>三井住友銀行</td></tr>
<tr><td rowspan="2">3</td><td>三菱UFJ銀行</td><td>3</td><td>みずほフィナンシャルグループ</td></tr>
<tr><td>東京海上日動火災</td><td>4</td><td>三菱商事</td></tr>
<tr><td rowspan="2">5</td><td>三菱商事</td><td>5</td><td>三井物産</td></tr>
<tr><td>日本政策投資銀行</td><td>6</td><td>住友商事</td></tr>
<tr><td>7</td><td>NHK</td><td>7</td><td>農林中央金庫</td></tr>
<tr><td rowspan="2">8</td><td>伊藤忠商事</td><td>8</td><td>丸紅</td></tr>
<tr><td>住友商事</td><td rowspan="3">9</td><td>NHK</td></tr>
<tr><td>10</td><td>楽天</td><td>伊藤忠商事</td></tr>
<tr><td rowspan="6">11</td><td>デロイト トーマツ コンサルティング</td><td>日本生命</td></tr>
<tr><td>三井住友信託銀行</td><td rowspan="2">12</td><td>マッキンゼー・アンド・カンパニー</td></tr>
<tr><td>三井物産</td><td>東京海上日動火災</td></tr>
<tr><td>日本生命</td><td rowspan="3">14</td><td>あずさ監査法人</td></tr>
<tr><td>野村証券</td><td>三菱重工業</td></tr>
<tr><td>みずほフィナンシャルグループ</td><td>日本郵政グループ</td></tr>
<tr><td rowspan="5">17</td><td>JR東海</td><td rowspan="5">17</td><td>SMBC日興証券</td></tr>
<tr><td>NTTデータ</td><td>ディー・エヌ・エー</td></tr>
<tr><td>アビーム コンサルティング</td><td>ビービット</td></tr>
<tr><td>プライスウォーターハウスクーパース</td><td>三菱UFJ信託銀行</td></tr>
<tr><td>三井不動産</td><td>住友生命</td></tr>
</table>

※枠内がグレーの企業は外資系企業
出典）東京大学新聞社

うのです。とりわけ企業がもっとも欲しいＩＴやＡＩの分野を専門とする人材では、この傾向が如実に表れています。

ベンチャー企業やスタートアップ企業がＩＴ・ＡＩを専門にする学生に人気が高い背景には、専門性をすぐに活かせる部署に配属されるので、将来のキャリア形成を描きやすいというメリットがあります。それに加えて、これらの企業では経営陣がエンジニアの職務に理解があり、勤務時間を柔軟に設定するなど、働く環境の整備に努めています。給与水準も重要ではありますが、高い給与水準だけでは優秀な人材は振り向かないという実態が浮き彫りになっています。

これに対して、同じくＩＴ・ＡＩの分野で優秀な人材を採用したいＮＴＴやソニー、日立などの大企業では、必ずしも最初から希望通りの部署に配属されるとは限りません。面接の段階では入社後の仕事内容が明確でないばかりか、事務作業が多く退屈だという情報が知れわたっているので、こうした姿勢を大企業が変えない限り、優秀な人材がベンチャーやスタートアップに向かう流れは今後も続くでしょう。

というのも、通常よりも早い期間でキャリアを築くことができれば、たとえ勤務先が破綻するような事態になったとしても、すぐに次の就職先を見つけることができるという考えがあるからです。

これまでの一般的な「日本の会社員」の働き方や生き方は、若い人々の価値観から大きくかけ離れてきています。同じ会社に長く在籍すればするほど、その社風に染まって保守的になっていくのは仕方がないといえばそれまでです。たとえば、同じ業種の企業であっても、トヨタとホンダ、日立とパナソニック、三菱商事と住友商事、三菱UFJ銀行と三井住友銀行、アサヒとキリンなど、それぞれに異なる企業風土があり、組織全体でそれを守っていこうという雰囲気があります。

これに対して、昨今の若者のあいだでは、新卒で入社した会社に勤め続けるという価値観は崩壊しているといっても差し支えない状況にあります。あくまでも会社はスキルを磨く場所であり、仕事はやりがいを持って楽しむものであるという価値観の大転換が起こってきているのです。

若者の価値観の変化に対応できない企業は、量と質の両面において人材獲得競争からの退場を余儀なくされようとしています。今まさに、採用のあり方が大きく変わっていく過渡期にあるというわけです。

## 通年採用とジョブ型雇用

日本の多くの企業はこれまで、新卒の学生を春にまとめて採用し、入社後に配属先を決めてきました。通常は2〜3年の異動を繰り返し、多岐にわたる部署を経験しながら昇進していくという終身雇用の仕組みで採用するのが主流だったのです。新卒一括採用と終身雇用を組み合わせた雇用形態は、人口が順調に増え続けているのと同時に、経済が右肩上がりの成長期には、極めて有効な採用方法であったと評価することができます。

ところが今や、これまで企業が選択してきたこの方法が大きな転機を迎えています。経済のグローバル化やそれに伴うGDPの低成長に加えて、人口減少による人手不足や経済のデジタル化が加わり、良質な商品をつくれば売れるという時代ではなくなってしまいました。企業は従来のビジネスの考え方から脱し、商品を幅広いサービスと絡めなければならないため、新卒一括採用では移り変わりが速い時代に対応できなくなってきたのです。

2019年4月に経団連と大学側は、新卒学生の就職活動について、春の一括採用に偏っている現状を抜本的に見直し、年間を通じて採用を行うことができる通年採用を拡大していくことで合意しました。現在の就職活動のルールは経団連が取り決めていて、会社説明会は大学3年生の3月から、面接は4年生の6月から解禁というスケジュールになっています。2021年春入社の学生まではこのルールで運用され、2022年春入社の学生からは通年採用を広げていく方針だということです。

このように新卒一括採用から通年採用への流れが決定的になっていますが、実はこの通年採用への方向性は、今の若者の仕事に対する価値観と非常にマッチしています。これまでの新卒一括採用の場合は、職務や勤務地、労働時間などを限定しないことが前提で、細かな労働条件を明文化していない「メンバーシップ型」の雇用契約が大多数となっています。

これに対して通年採用の場合、職務や勤務地、労働時間などを明確に限定した「ジョブ型」の雇用契約を結ぶことになります。「ジョブ型」の雇用契約は欧米では一般的な雇用形態であり、評価の対象となる職務がはっきりしているため、定時に帰宅するのはもちろんのこと、年次有給休暇も消化することが難しくありません【66ページ、図表2−5】。

**図表2-5　メンバーシップ型雇用契約とジョブ型雇用契約の違い**

| | ジョブ型雇用契約 | メンバーシップ型雇用契約 |
|---|---|---|
| 職務範囲 | 職務や勤務地、労働時間などが限定されている | 職務や勤務地、労働時間などが限定されていない |
| 仕事内容 | 専門性が高く、職務記述書に記載された内容のみ行う | 多岐にわたる部署を経験する可能性がある |
| 採用 | 欠員補充時に募集をかける | 新卒一括採用や定期採用 |
| 雇用保障 | 依頼された仕事がなくなった場合は、転属の必要がない | 依頼された仕事がなくなっても、転属される（終身雇用） |
| 給料 | 職務によって決まる（職務給） | 勤続年数によって給与が定められる（年功序列によって昇進） |
| 教育 | 社内教育は少ない | OJTや社内研修などの社内教育が多い |

通年採用がジョブ型雇用と一緒に拡大していけば、日本の従来の雇用形態、すなわち、現行の新卒一括採用やそれに伴う年功序列・終身雇用といった日本型雇用慣行は縮小されていくことになるでしょう。企業が定年までの長期にわたる雇用を保障する代わりに、社員は幅広い職務や転勤を受け入れるという日本固有の社員像は、否が応でも見直しを迫られるのが不可避だからです。人口減少が加速していくなかで、企業はデジタル人材を中心に多様な能力や経験を持つ人員を確保しなければならず、そのための見直しは待ったなしの状況にあるのです。

実際に、経団連の2022年から通年

採用を拡大するという方針に先駆けて、春の新卒一括採用に偏った採用手法を見直す動きは始まっています。たとえば、損保大手である損害保険ジャパン日本興亜では、2020年の新卒採用から季節を限定しない秋採用や冬採用を導入しています。海外に留学している学生や種々の活動で就職活動ができなかった学生を取り込みたいからです。

## 転勤の廃止で就職希望者が10倍に

専門性が求められる時代だという点でも、通年採用の需要が急速に高まっています。経済のグローバル化とデジタル化が進み、企業はITやAI、データ分析、マーケティングなど専門性を有する人材や、海外の価値観や文化を心得ている人材を確保し、国内だけでなく世界でも競争力を高めようとしています。

ところが、専門性で高い能力を持つ人材や海外での経験が豊富な人材は、日本での新卒一括採用の網にはほとんどかからないという厳しい現状にあります。企業が求めている人材には限りがあるにもかかわらず、採用時期にこだわった今の方式では、海外に留学している学生や海外から留学している外国人にとって、日本の企業で就職する機会が失われています。

　こういった状況を改善するために通年採用の仕組みが導入されれば、日本人の留学生や外国人留学生が日本で就職活動をしやすくなります。東南アジアなど海外の大学生も日本の企業に就職しやすくなります。さらには、長期のインターンシップと組み合わせた就職活動も可能となり、時期を問わない企業の採用は貴重な人材の離職防止にもつながっていきます。

　こうした通年採用に基づくジョブ型の雇用契約は、少子高齢化に蝕まれている日本社会の要請でもあります。仕事と親の介護や育児を両立しなければならない会社員には、日本独特の制度である転勤の負担が非常に重くなってきているからです。近年では育児を理由に「転勤がないようにしてほしい」と訴える社員や、親の介護のためにキャリアアップをあきらめたり、離職したりする社員も増えています。

　そういった背景から、企業が転勤制度を見直し始める動きが徐々に広がってきています。たとえば、ＡＩＧ損害保険は会社の都合による転勤を原則として廃止しています。それまでは営業社員が平均で４年ごとに全国各地を異動していましたが、２０２１年までに希望する地域で働けるようになり、本人が希望しない限りその後の転勤もないといいます。大多数の社員が転勤を希望していないという実情に配慮したということです。

金融業界などでは転勤のある社員と転勤のない社員（地域限定社員）を区別して、給与に1〜2割の差を付ける企業が多いのですが、ＡＩＧ損害保険は地域限定社員の存在が優秀な社員のモチベーションの低下やキャリアアップの障害になると判断し、思い切って転勤の廃止を決断したといいます。その効果は採用の面に如実に表れ、同社では２０１９年の就職希望者が例年の10倍にまで増えたというのです。

社員の採用と離職の防止といった課題を前にして、企業には社員の働く環境を重視した柔軟な制度を導入することが求められています。転勤がある限り優秀な外国人社員を採用できないばかりか、若者を中心に日本人の採用もおぼつかなくなってしまうのです。若い社員は住む地域が定まらなければ人生設計を立てにくいと、とりわけ転勤という制度を嫌がります。一般的に転勤の2分の1ないし3分の2は玉突きによる不要な人事とされるため、企業はその効果を検証して必要な転勤とそうでない転勤を見極めるべきです。

図表2-6　通年採用が求められる背景

| | |
|---|---|
| ① | 少子化が進んでいくなかで、デジタル人材を中心とした、すぐれた人材を国内外から確保しなければならない |
| ② | 企業はITやAI、データ分析、マーケティングなどの専門性を有する人材を求めている |
| ③ | 自分の成長のために働き、自分に合った企業への転職を希望する若者が増えている |
| ④ | 少子高齢化が進み、親の介護を余儀なくされ、キャリアアップをあきらめたり、離職する社員が増えている |

優秀な学生や留学生、外国人を獲得するために、通年採用とジョブ型雇用を増やす方針は前向きに評価できると思います。通年採用とジョブ型雇用の広がりは、企業が自由な採用活動を認められる契機となり、横並びの一括採用と年功序列に象徴される日本型の雇用慣行が大きく変わる原動力となっていくでしょう。

前章で定年の引き上げが終身雇用制度の否定を導くと指摘しましたが、新卒採用から通年採用への移行もまた、終身雇用の終わりの始まりを意味しているというわけです【図表2－6】。

**経済界トップの思惑**

2019年4月の経団連と大学側の合意に基づく通年採用の拡大という流れのなかで、初の10連休となった5月の大型連休明け、経団連の中西宏明会長（日立製作所会長）が定例会見において、日本の雇用のあり方に関し「終身雇用を前提にすることが限界になっている」と述べています。さらにその翌週には、日本自動車工業会の豊田章男会長（トヨタ自動車社長）が記者会見において、「終身雇用を前提に企業運営、事業活動を考えることには限界がきている」と認めています。

これまで経済界のトップが終身雇用に悲観的な発言をするのは一種のタブーとされてきましたので、経済界に強い影響力を持つ両名の発言は極めて大きな転換点といえるでしょう。

二人が重い口を開いたのは、グローバルに競争している日本の企業がいつまでも国内の事情に縛られた新卒一括採用で競争力を維持できるわけがない、企業の人件費負担が増加傾向にあるなかで日本型雇用がいつまでも維持できるわけがない、という強い危機感があったからです。

たしかに、今の日本の企業は好ましくない状況に置かれています。企業に勤める会社員の給与は過去10年間でも過去15年間でもほとんど上昇していないので、多くの人々は企業がこれまで人件費をカットしてきたに違いないと考えているかもしれません。

しかし、財務省の法人企業統計調査などを見ればわかるように、日本の企業全体の

図表2-7　日本企業の売上高と人件費の推移（2004～2018年）

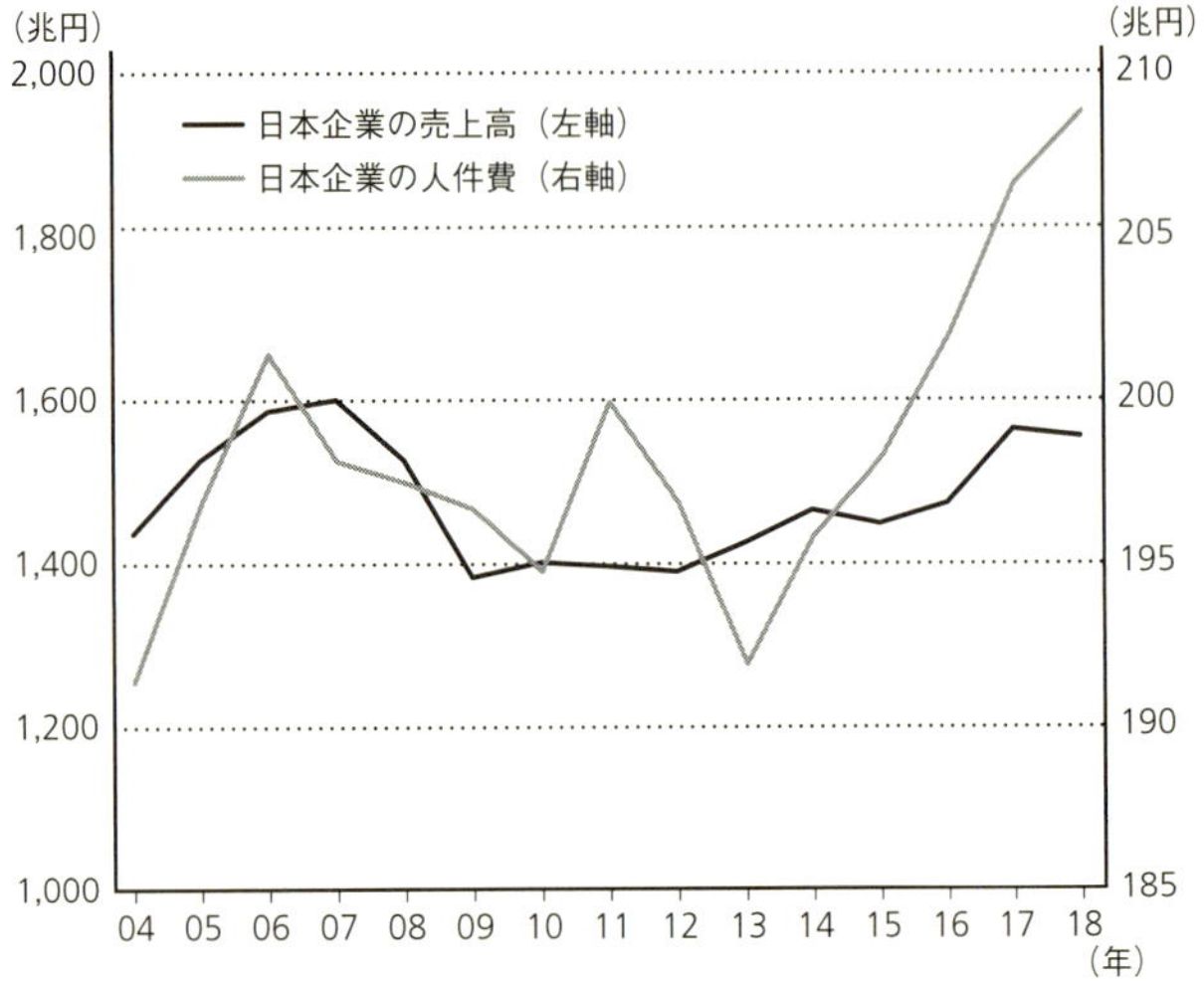


出典）財務省「法人企業統計調査」

売上高は過去10年間でも過去15年間でもほぼ横ばいで推移しているのに対して、総人件費は緩やかながらも増え続けているのです【図表2－7】。

実をいえば、会社員の平均給与がほとんど上がっていないのに総人件費が増え続けているのは、企業が社員数を増やし続けてきたからです。日本企業の人事制度は基本的に年功序列なので、主として若い社員が現場の業務を担当する体系となっています。そのため、中高年になると現場の業務を離れる社員が増える一方、現場の業務をこなすには常にある一定数の新卒社員を採用する必要があるため、企業の社員数は増えているというわけです。

たとえ高度経済成長の時代が終わった後であっても、日本の総人口が増えているうちは市場も全体として拡大することができたので、社員数が増えて余剰人員が生じても、あまり大きな問題として捉える必要がありませんでした。

ところが、日本の総人口は２００８年のピークを境に右肩下がりに転じ、１年間の人口減少数が２０１０年に初めて10万人を超えた後、２０１１〜１５年にはほぼ毎年20万人台で増え続けました。さらには、２０１６年になって減少数は30万人を突破し、２０１８年には40万人を上回るまでに増えているのです。

そのうえ、ＩＴをはじめとした経済のデジタル化の進展がダメ押しとなり、余剰人員の問題がいよいよ企業の経営を揺り動かす事態となっています。日本は深刻な人手不足だといわれていますが、それは小売店や飲食店などのサービス業や、介護職などの特定の専門職の話であり、日本の大企業はホワイトカラーを中心に大量の余剰人員を抱えているのが現状です。日本の企業は終身雇用が常識となっているので、スキルが通用しなくなった社員をそのまま抱え込むしか選択肢はありません。

しかし、従業員の生産性を向上させるためには、ひとりひとりの生産性を上げることに加えて、生産性の低い従業員を解雇して生産性を上げるという手段がありますが、日本の終身雇用はもっとも大きな障壁となっています。実は新卒一括採用から通年採用への流れも、同じ文脈のうえで理解することができます。企業に就職して後に職務を決めるという新卒一括採用はなるべく少なくして、職務があらかじめ決まっていて、その職務を遂行できる能力がある人材だけを採用したいというのが、これからの企業の考え方であるのです。

## 「新卒社員でも年収1000万円」の背景

その証左として、企業のあいだでは優秀な若者を確保するために、新卒社員の初任給を大幅に引き上げる動きが急速に広がっています。

たとえば、ユニクロを世界展開するファーストリテイリングは2020年春以降、大卒初任給を今より2割ほど高い25万5000円に引き上げるといいます。当たり前ですが、初任給の引き上げやベースアップは固定費の増大につながります。現場の人材の量的な不足のほかに、専門性を有する人材の質的な不足にも直面する企業は、背に腹は代えられなくなっているといえるでしょう。

そういった行動に重なり合うように、企業のなかには優秀なＩＴやＡＩ関連の人材を採用するために、新入社員の初任給の引き上げにとどまらず、その給与に差を付けるところも増えてきています。ＩＴ業界ではＧＡＦＡ（グーグル・アップル・フェイスブック・アマゾン）などの大手プラットフォーマーが、厚待遇で世界中から優秀な人材をかき集めています。

人材の確保の面で危機感を強めている日本企業も必死です。大学や大学院でＩＴやＡＩを学んだ若手に対してその人の価値に見合った評価を導入し、旧来からの硬直的な給与体系の見直しを進めています。

たとえばＮＥＣは、すぐれた研究者には新入社員であっても年収１０００万円以上を支払う制度を導入するとしています。現在もすぐれた研究者を管理職に引き上げて、年収２０００万〜３０００万円を支払う事例がありますが、新しい制度では年齢を問わず能力や実績を考査して職務の等級を決めるというのです。ヤフーでも30歳以下の若手を対象にして、開発者向けにエンジニアスペシャリストコースを導入していきます。初年度の年収は６５０万円以上と、新卒一括採用の標準年収４２７万円より５

割程度高くなっています。

　横並びを脱する動きは、ＩＴ業界だけではありません。先ほど初任給の引き上げでも触れたファーストリテイリングは、優秀な若手を確保するために２０２０年春にも人事制度を大きく見直します。新しい人事制度では、優秀な若手には３～５年で国内外の経営幹部として抜擢《ばってき》するというのです。年収は国内の経営幹部で１０００万円以上、米欧では２０００万～３０００万円を予定しているといいます。また、同年春入社の社員からは一律な店舗配属ではなく、個人の能力に応じて専門性の高い部門への配属も増やしていく予定だということです。

　回転寿司チェーンのくら寿司は２０２０年春入社の新卒採用で、入社１年目から年収１０００万円の幹部候補生を募集しています。幹部候補生は特別枠として採用し、新卒だけでなく応募条件を満たす社員も申し込めるといいます。アメリカやアジアなど海外にも積極的に出店している最中、グローバルで経営を担える人材を確保することが欠かせないと判断したということです。

　こうした企業間の動きが強まり、年功序列を前提とした給与制度を崩し始めているというわけです。

## 中高年給与削減の兆候

少子化が加速していくなかで、企業が欲する人材の獲得競争は激しさを増していきます。誰もが優秀と認める若者をめぐっては、アメリカや中国などの企業との熾烈な争奪戦となっています。優秀な若者に実力に見合った給与で応えようとすれば、企業が成長して収益を増やし続けない限り、中高年の給与にしわ寄せがいくのは避けられません。１９８０年代後半のバブル期に採用された世代はとくに人数が多く、従来の定期昇給を続けていては50代の給与総額が膨張し、多くの企業が経営上の重荷になると実感しているのです。

今のところ中高年の給与削減は表立って取り上げられている様子はありませんが、その兆候はすでに経済統計のデータに表れ始めています。

厚生労働省の賃金構造基本統計調査によれば、２００８年と２０１８年の男性の平均賃金を比べると、20～24歳、25～29歳、30～34歳は増えているのに対して、35～39歳、40～44歳、45～49歳は減少傾向から抜け出せていないのです。かつては年齢や勤続年数と比例して給与は高くなっていったのですが、外資系企業との人材争奪戦で若

**図表2-8　男性の年齢別賃金の推移（2008～2018年）**

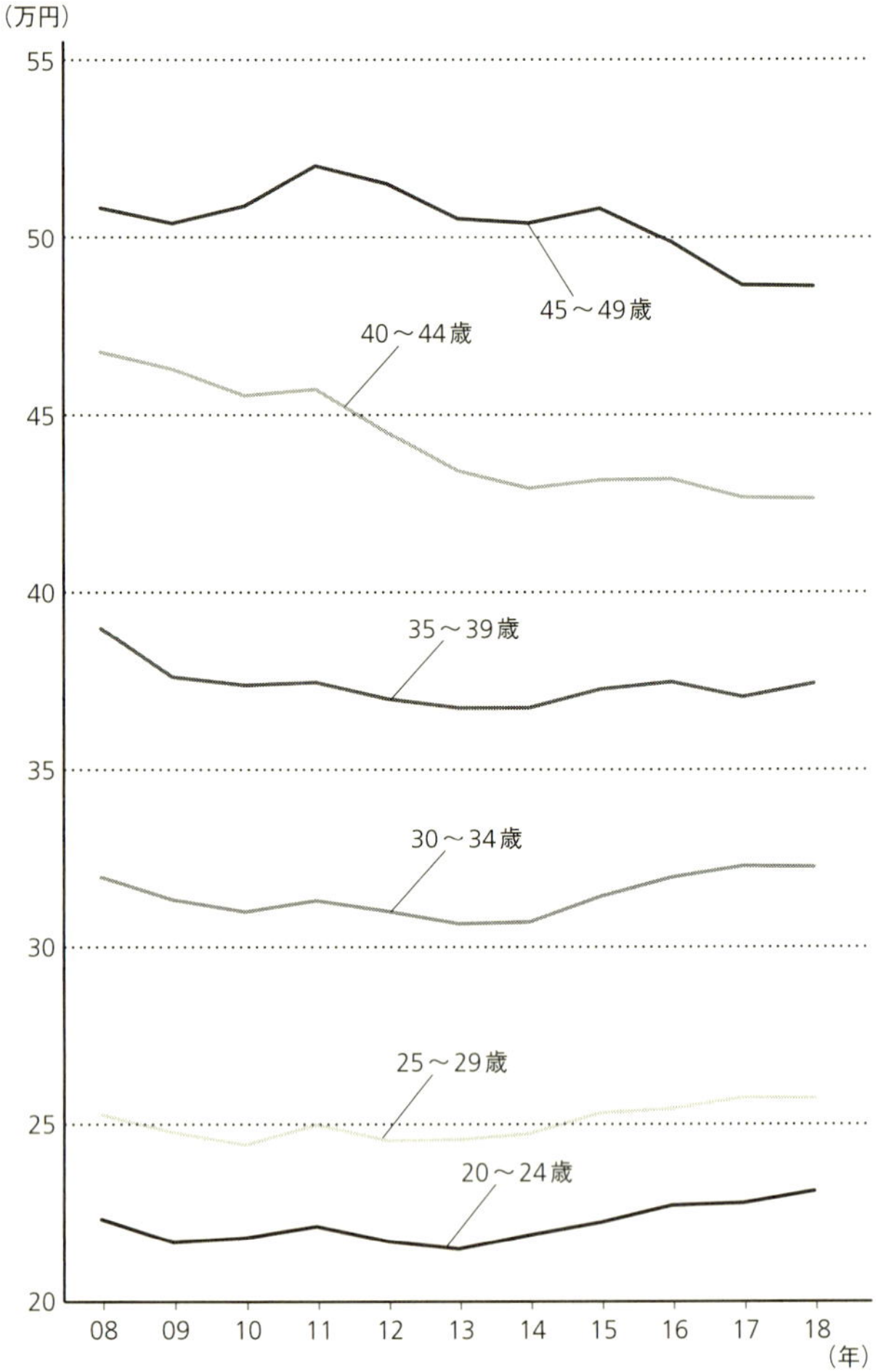


出典）厚生労働省「賃金構造基本統計調査」

図表2-9　年功序列・終身雇用が崩れ始めている背景

| | |
|---|---|
| ① | 現場の業務をこなすために常に一定数の新卒社員を採用する必要があるため、企業の社員数が増え続け、結果的に総人件費が増え続けている |
| ② | 少子化が進むなかで、20代の若手社員の平均年収が増加している煽りを受け、30代後半以上の中高年の給与が抑制されている |
| ③ | 少子化が進むなかで、優秀な人材は国内だけでなく、アメリカ企業や中国企業などとの獲得競争が激化し、優秀な若手の給与が高騰している |
| ④ | 組織の若返り化を進めるなどを理由に、新卒採用と中高年の早期希望退職を増やす企業が増加している |

者の給与が引き上げられ、その煽《あお》りを受ける中高年には厳しい時代が到来したといえます【図表2－8】。

その具体的な事例として、医薬品メーカーのエーザイは2019年春に実施したベースアップで、20～30代の若手を40代以上より手厚くしました。それでも45歳以上の300人程度が早期退職に応じたため、総人件費は増えていないといいます。中高年の早期希望退職を増やす代わりに、新卒採用を例年の2倍以上に増やし、組織の若返りを進めているというのです。東京商工リサーチによれば、2019年上半期は上場企業の早期退職が2018年の2倍のペースで増えているというので、年功序列と終身雇用の制度はすでに終わりが始まっているのかもしれません【図表2－9】。

そうはいっても、日本の企業は依然として年功序列が根強いこともあり、有能な若者は実力主義の外資系企業やベンチャー企業に魅力を感じることが多いという事実があります。そういった事実を覆すためにも日本の企業は通年採用を通じて、終身雇用や年功序列に徐々に風穴を開けようとしています。おそらくあと10年以内には、会社員ひとりひとりがスキルを磨いていかなければ、好景気や不景気に関係なく、企業から容易に退職を迫られる環境が醸成されていくことになるのではないでしょうか。

## 日本型雇用を解体するメリット

これまで述べてきたように、終身雇用・年功序列を前提とした給与制度の見直しは、仕事に対する若者の意識の変化や、専門性が高い分野での人材獲得競争に対応した動きです。戦後から続いてきた給与体系を崩しながら、専門性や能力に応じて給与を決める企業が増えつつあるのです。こうした通年採用とジョブ型採用を組み合わせた雇用形態の拡大は、人材の流動化が一段と進む起爆剤になり、いよいよ新卒一括採用と終身雇用に偏った雇用慣例は本格的な解体に向けて動き出したといえるでしょう。

今の新卒一括採用の問題というのは、大学卒業時の春に1回しか就職のチャンスがないという理由から、その時期に合わせて就職希望者が一斉に企業の採用試験に押し寄せ、その後の人生の優劣まで決められてしまうということです。その象徴的な事例としては、人生に就職のチャンスがたった1回しかなかったゆえに、「失われた世代」といわれる深刻な問題が生じてしまったということが挙げられます。

「失われた世代」というのは、1991年のバブル崩壊や1997年の金融システム危機を受けて、企業が新卒採用を大幅に絞った1993〜2005年頃に高校や大学を出た「就職氷河期世代」のことを指しています。その当時、卒業時に就職ができなかった人は、その後も新卒採用を中心にした雇用慣例が続くなかで、不安定な職を転々としている人、非正規社員やアルバイトで我慢している人、引きこもりになっている人などが多いのです。

人生に就職のチャンスが何回もあれば、「失われた世代」あるいは「就職氷河期世代」の問題は生まれなかったはずです。たった1回だけのチャンスでその後の人生の幸不幸が決まってしまうこれまでの仕組みは、社会システムとして大きな欠陥があるといえます。人生に就職のチャンスは何回あってもいいはずで、新卒一括採用から通年採用への移行は、そういった世代間の不公平をなくす意味でも前向きに捉えたいところです。

現役の大学生の立場からすれば、通年採用の拡大によって、就職活動の開始時期を自らで決めることができ、長期インターンシップや海外留学などで経験を積みやすくなるというメリットがあります。しかしその一方では、これまで以上に競争が激しくなるのではないかと不安を感じる意見もあります。これを大学生にとってデメリットといっていいのかわかりませんが、これからの大学生は国内の大学生だけでなく海外の大学生とも競争するのが当たり前となっていくので、その点ではどうしても腹をくくる必要があります。

グローバル経済が進展した昨今では、日本企業の採用においても、外国人が占める割合が着々と高まってきています。それは、とりわけ厚待遇の採用をめぐっては、日本の大学生と海外の大学生が争う確率が高まることを意味します。当然のことながら、大企業や有望なベンチャー企業では、日本の学生の採用数が少なくなっていく事態は避けられそうにありません。実のところ、海外に幅広く展開している企業では、外国人の新卒採用を以前から拡大し続けているところが多いのです。

たとえば、NECはインド工科大学ボンベイ校と人材交流を重ねながら、同社の中央研究所では2012年から同大学の卒業生を直接採用しています。これまで30名以上の卒業生が最先端技術の研究開発に取り組んでおり、今後も同大学からの直接採用をいっそう強化していくということです。NECのような大企業だけではなく、ベンチャー企業のメルカリでも優れた外国人エンジニアが活躍し始めています。2018年に採用した新卒エンジニア50人中、外国人が44人、このうち32人をインド出身者が占めているということです。

## 企業は「優秀な学生以外はいらない」

今のところ、日本の大学進学率は50％を超えていますが、なぜこれまで大学進学率が増えてきたのかというと、大多数の学生が未だに、「できるだけ有名な大学に入ることができれば、有名な企業にも入ることができる」と考えているからです。それゆえ、日本の高校生は大学に入学するために必死で勉強をしていますが、卒業するためのハードルが低いせいか、大半の学生が入学後はあまり勉強しなくなる傾向があります。

しかしながら、経済のグローバル化の進展やデジタル経済の著しい進化によって、日本の大学生はこれまでの意識を大きく変えなければいけない状況になってきています。私がよく知る大企業の社長は、「日本だけでは優秀な学生が足りない。海外からもっと採用したい。優秀な学生以外はいらない」と本音を漏らしています。これを表立って言えばマスコミに批判されるので言わないだけで、とくにグローバルに事業を展開する企業の経営者の多くが、程度の差こそあれ、同じようなことを思っているのではないでしょうか。

とりわけグローバル化への対応が早かった大企業の経営者のあいだでは、海外の大学生は日本の大学生と比べて一生懸命勉学に励んでいるので、専門性においても教養においても能力が高いという評価が定着しつつあります。ですから、中国や韓国、東南アジアの大学の日本語学科などに行くと、日本語を流暢に話す学生が多いのにまったく驚くことはありませんし、アジアのどの国の学生が日本企業への就職を未だに憧れの対象にしているのかも理解しています。

日本を除くアジア全般の大学生にいえるのかもしれないですが、アジアの大学生は自分の人生が懸かっているくらいの勢いで一生懸命勉学に励んでいます。たとえば、東南アジアや南アジアの国々では、徐々に豊かな暮らしを手に入れ始めているとはいえ、まだ多くの学生はもっと勉強してもっと豊かな暮らしを手に入れたいというモチベーションが高いのです。勉学に励むのが大学生の本来の姿であるはずなのですが、その点では日本の大学生も大いに見習ったほうがいいでしょう。

企業の採用活動で通年採用が一般的になる頃には、新卒で一括採用した社員が戦力として働けるまで費用と時間がかかりすぎるという認識は、企業社会に広く浸透していることになりそうです。若手の人材が欲しいのであれば、東南アジアやインドなどから優秀な人材を採用したほうが手っ取り早いと考える企業が増えるのは必然的であり、このような潮流は専門性が高い人材を求めれば求めるほど強まっていくことになるでしょう。

## 大学も「真面目に勉強しない学生はいらない」

企業の採用でこのような傾向が続いていったら、優秀な学生を輩出することができない日本の大学は存在する価値を失い、廃校になるところも出てくるのは必至です。大学が危機意識を持って人材育成に真剣に取り組まなければ、海外の優秀な学生との競争で日本の学生は太刀打ちできなくなります。新しい時代の要請に柔軟に応えられる大学でなければ、生き残っていくのが難しい時代がやってくるのです。

私大の雄とされる早稲田大学では、生き残りのための改革として、新しい取り組みを進めています。学生の質を向上させるべく、学部生の2割減、教員の2割増という目標を2032年度までに達成しようとしているのです。学部生の減少は減収に、常勤教員の増員は支出増に直結するのですが、早大では収入減の一部を優秀な外国人学生を2倍以上に増やすことで賄おうと考えているようです。そうしなければ二流の大学に転落するかもしれないという危機意識を持っているのでしょう。

これからの時代では、大学の存在意義が問われることになります。ほぼすべての大学が真っ先に着手すべきは、卒業要件を厳しくしたうえで、「真面目に勉強しない学生は当大学には入学しないでください」と宣言することです。大学の淘汰が避けられない環境下にあるなかで、それができる大学が生き残ることができるでしょう。トップクラスの大学では優秀な学生を育てるために、それぞれの教育体制の改革を進めているところですが、おそらくは2040年代には3分の1の大学がなくなっているのではないでしょうか。

今から5年以内には、真摯に勉学に励んでいる学生でなければ、少なくともグローバル展開をしている企業への就職は難しいものとなっていきます。つまり、一流の大学であればあるほど、勉強をしない学生はこの先必要とされないということです。日本の学生は国内の学生だけを見るのではなく、海外の学生にも目を向けたほうがいいでしょう。自分が希望する職種には世界中でどれだけの競争相手がいて、自分はどう戦っていけばよいかを、学生のうちに考えておいてほしいところです。

## 若手社員の絶望感

終身雇用の制度が生み落とした日本特有の「大企業病」といってもいいのかもしれませんが、日本の大企業が大量の余剰人員を抱えているという実情は、若者の仕事へのモチベーションを引き下げてしまう大きな原因となっています。その典型的なパターンが、新卒社員が入社後、すぐに組織のムダや非効率性に気付かされるということです。

多くの新入社員はバブル期に大量に採用された50代後半以降の社員の多さに驚くといいますが、大企業には45歳以上の社員が現在、500万人程度いるとされています。そのうちの200万~250万人が管理職になれなかったり、役職定年を迎えたりして、余った人員とされているのです。若手の社員はこれらの中高年社員から会社への不満や愚痴を聞かされる一方、能率が悪い中高年社員の働き方を見ていて幻滅させられるケースが絶えないといいます。

それに加えて、自らのスキルを磨いたり、貴重な経験を積んだりする仕事は中高年社員に押さえられていて、若者に与えられる機会が訪れることがなかなかありません。先にも述べたように、若者の仕事に対する価値観は、自らが成長するきっかけと捉えているということです。大きな組織が抱えるムダの多さへの諦観と、自らの成長が期待できない絶望感とが合わさって、有能であればあるほど、大半の大企業で若者が働く意義の喪失感を抱いている可能性が高いのです。

就職・転職情報を手掛けるマイナビの「2019年新入社員1ヵ月後の意識調査」によれば、「あなたは、今の会社で何年ぐらい働くと思いますか?」という質問に対し、「3年以内」が22・2%、「5年以内」までが計37・1%、「10年以内」までが計46・9%、「定年まで」が21・8%という結果が出ています【58ページ、図表2-2】。

入社数年で転職先を探す若者に対し、浅はかな考えだと批判する向きもあるでしょうが、同じ企業に定年まで勤めるという価値観が希薄化した昨今、若者が成長を求めて次の道を探したいという行動を決して否定することはできないと思います。

## 企業側の対応策

せっかく採用できた優秀な若者に離職されないよう、新たな試みを始めている企業もあります。すなわち、若者が仕事へのモチベーションを引き上げると同時にキャリアアップまで計れるよう、採用における工夫やキャリアを考える環境整備を進めているというのです。

その取り組みのひとつとして、従来以上に細かく職務別に面接するという動きが始まっています。たとえば大企業のなかでは、三井住友海上火災保険が保険商品を設計したり資産を運用したりする専門分野を対象に「スペシャリストコース」を取り入れ、専門性を活かせる若者の関心を引き付けようとしています。大学で金融工学やファイナンスを学んできた学生であれば、この採用は自らの専門性が活かせると考えるので、企業と学生の双方の利益になりうるはずです。

通年採用を早くから取り入れている企業のなかには、さらに踏み込んだ取り組みに進んでいるところがあります。オランダとイギリスに本拠を構える世界有数の消費財メーカーであるユニリーバの日本法人では、学生が内定してから入社するまでに最大で2年間の猶予を与える制度を導入しています。学生が大学を卒業した後であっても、海外留学やボランティアに取り組むことが可能なので、企業はポテンシャルが高い多様な人材を採用しつつ、学生はキャリアをしっかり考えたうえで入社できるというのです。

企業のなかには若者にやりがいを感じて仕事をしてもらおうと柔軟な姿勢を示しているところも現れてきましたが、このような動向は若者にとって決していいことばかりではありません。入社するすべての社員を一律に育てることができないゆえに、すべての社員を守ることができない時代に入ってきているからです。仕事へのモチベーションが高い人にはいい流れにあるかもしれないものの、そうではない人には厳しい環境になっていくのは不可避な情勢にあるわけです。

## モチベーションを上げるには

各国のコンサルティング会社の調査結果で共通しているのは、他の先進国と比べて日本の大企業の社員は仕事へのモチベーションがことのほか低いという点です【図表2−10】。日本の大企業がスキルの通用しなくなった社員をそのまま抱え込んでいる現

**図表2-10　仕事への熱意の各国比較（2017年）**

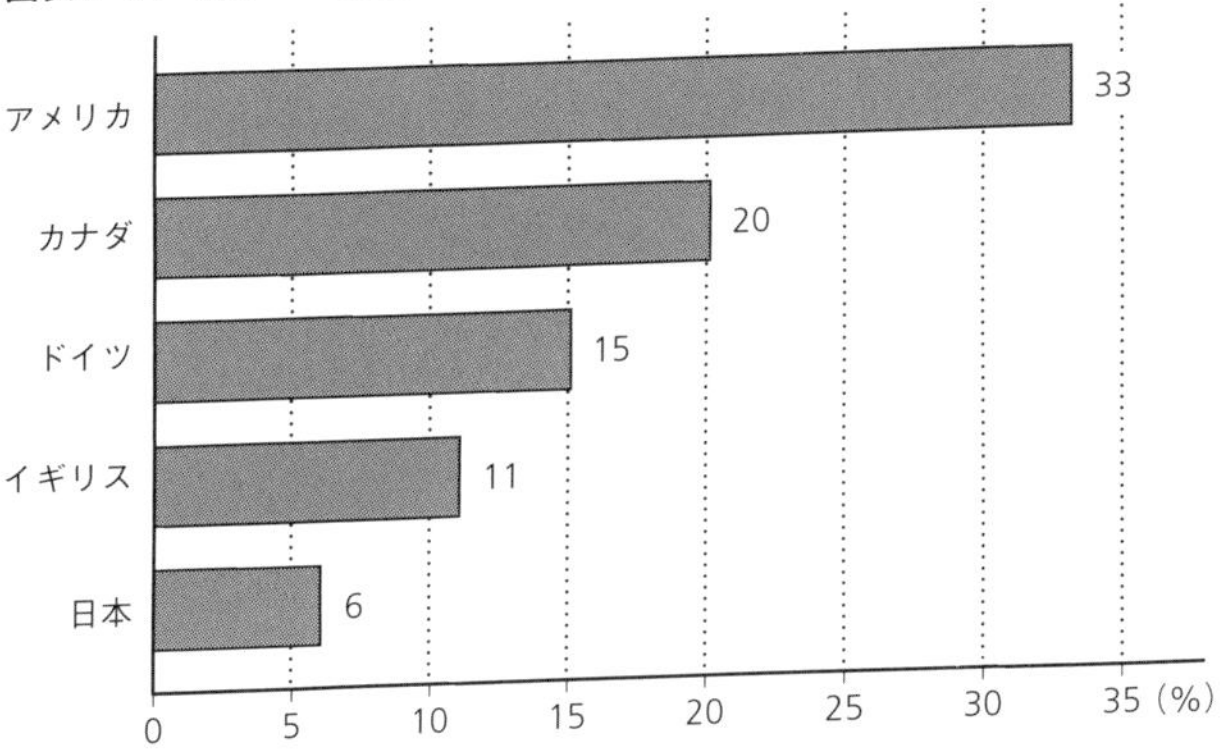


※企業内の熱意溢れる社員の割合
出典）ギャラップ「State of the Global Workplace - Gallup Report（2017）」

状を考慮すれば、モチベーションが目立って低いという結果はやむをえないでしょう。意欲に欠ける社員が多ければ、生産性や効率性が上がることはなく、イノベーションが起きる可能性も尻すぼみになってしまいます。

それとは対照的に、米欧ではモチベーションが高い社員の割合が日本より高いという結果が出ていますが、これは不満を感じる社員がさっさと退社し、満足できる職場を探すという環境が根付いているからです。ただし、アメリカやイギリスなどでは能力やスキルがない社員はたとえモチベーションが高くても職を失う運命にあるので、国民の中に生じた格差の拡大が大きな社会問題となっています。両国では国のあり方について国民を二分する対立が続いており、政治も社会も不安定化しているという点は押さえておきたいところです。

そうはいっても、モチベーションの高さが重要であることには、私自らの経験から思い当たる節があります。私がかつて在籍していた金融系企業では、セクションの半分がアメリカ人、イングランド人、オーストラリア人などの外国人だったのですが、彼らがいつも遊び心を持って仕事を進めていたことは今でも強く印象に残っています。仕事が忙しいなかでもジョークが多く、チーム一丸となって笑いながら職務に当たっていたことは懐かしい思い出です。チームワークが求められる職務では、笑いや遊び心が生産性を上げることはあっても下げることはありません。

さらに当時の外国人のメンバーに気付かされたのは、職務に当たるうえで服装がその能率や成果に関係しているということです。ネクタイを締めたスーツ姿と動きやすい私服では、明らかに後者のほうがリラックスできるうえ、疲労の蓄積も軽減できるからです。

外部のビジネスマンと会う時以外スーツを着ないというのは、極めて合理的な考え方です。今でこそ、ＩＴ企業やベンチャー企業などでは働きやすい服装で仕事をするのが一般的で、最近では三井住友銀行の東京と大阪の本店に勤務する行員の服装が自由になったことが話題になりましたが、20年以上前はネクタイを締めることなく私服で働いているという環境は非常に珍しかったと思います。今の日本の若者は過去の慣習にとらわれず、合理的に物事を考える人が多いので、私が若い頃経験したような働き方は合っていると考えています。

いずれにしても、通年採用は企業にとって優秀な人材を取り込むために不可欠である一方、学生にとって自分が望む職務への従事やキャリアの形成が可能となり、双方にとってメリットが大きいのは間違いありません。社員のモチベーションを高めるためには、ひいては企業の生産性を引き上げるためには、通年採用が標準化するのは当然の帰結だといえます。

ただし、そうはいっても、春に一定数の学生をまとめて採用する新卒一括採用は、通年採用と併存して残っていきます。多くの企業が依然として、新卒一括採用は新入社員を計画的に確保することができる唯一の機会であると考えているからです。そのうえ、専門性の高いスペシャリスト（＝専門職）ばかりを採用していても、広範囲な知識や経験を有するジェネラリスト（＝総合職）がいなければ、企業が組織として成り立たなくなるのは自明の理であるのです。そのようなわけで、優秀なジェネラリストも優秀なスペシャリストと同等にこれからも重宝されることになるでしょう。

## 会社の人材育成には頼らず自分でキャリア形成を考える

これまでの日本型の雇用のもとでは、社員のキャリア形成がひとつの会社内で完結してしまっているので、その会社の外に出るとキャリアが通用しないというケースが数多くありました。なぜそのような事態に陥ってしまうのかというと、会社が社員のキャリアを考える主体となっていて、入社後の配属先や職務内容を決めるのは会社であり、社員はその命令に従っていれば問題がなかったからです。

たしかに、会社は社員に対して定期的に研修を実施し、さまざまなスキルを習得する手助けをしてくれています。たとえそれがその会社だけでしか通用しない、カスタマイズされたものであったとしても、会社は社員教育に多くの費用と時間をかけてくれているため、社員ひとりひとりが自らのキャリア形成について真剣に考える必要などまったくなかったというわけです。

ところが現在、企業全体の総人件費の上昇を少しでも抑えようと、人材教育に割く費用を減少させている企業が増えてきています。通年採用やそれに伴うジョブ型雇用が普及していくにつれて、企業は新卒社員のキャリア形成にかけるコストを縮小していかざるをえないでしょう。すべての社員に定年までの雇用を保証できない時代を控え、企業が手厚い研修によって一律に人材を育てることは不可能になってきているからです。

そのようなわけで、古き良き時代から今にいたるまで、企業はお金と時間をかけて社員のキャリアをつくってくれてきましたが、新しい人事制度が広まる時代には、社員が個々の責任で自らのキャリア形成を考えていかねばなりません。グーグルやアップルなどの人気企業では、専門性を有するのはもちろんのこと、知識や経験も積んでいる即戦力の人材を採用しています。何もできない新卒採用を初めから育成する時間など、そもそも持ち合わせていないのです。

## 新しいキャリアアップの考え方

これまで述べてきたように、デジタルテクノロジーが進化した時代では、新卒社員が年功序列や終身雇用を期待するのは困難になります。第二次世界大戦後、先進各国が謳歌した大量生産・大量消費社会は今や終焉《しゅうえん》に向かい、今後は少量多品種生産に向かいつつあります。人々の多様化する価値観に合わせながら、矢継ぎ早に新しい商品やサービスを生み出していかねばならない昨今、同じ会社内で同じように育てられ、同じ知識と経験しか持たない会社員など、ほとんど役に立たないのです。

デジタルテクノロジーの著しい発展に応じて、日本企業が通年採用を標準的な採用として位置づけるようになれば、新卒一括採用の割合が減ってくる一方、中途採用の割合が増えてくるのは自然な流れになります。新卒一括採用のみが常識であった時代では、個人のキャリアやスキルへの評価はひとつの会社内で閉じていたため、転職するという重大な局面において、転職先の会社が個人の価値を客観的に評価するのが難しい状況にありました。しかし現下では、会社外で求められるスキルがＩＴを活用して知ることができます。

日本の大企業のオフィスでも、単純作業を自動化するソフトの利用が広がり始めています。パソコンを使ったデータなどの繰り返し作業を担うのが、第1章でも触れたＲＰＡと呼ばれる自動化ソフトです。現在ホワイトカラーが担う業務の6割は定型業務化でき、そのうち8割をＲＰＡで代替できるとされています。つまり、ＲＰＡは定型業務の48％（60％×80％）を担うことができるというのです。それは裏を返せば、ルール通りに働いている仕事のおよそ半分はなくなるというわけです。

このように業務が定型化していく企業社会では、多くの新卒社員がすでに一律の人材育成に疑問を持ち始めています。新卒社員をはじめ若い世代が心がけるべきは、転職社会に身を置いていることを自覚して、ひとつの会社内のみで通用するスキルではなく、社外でも評価されるスキルを身に付けるということです。

同じ会社内で管理職になることのみが、キャリアアップではありません。人生も仕事も楽しくしていくために、特定の職種でスキルを磨き続け、昇給を重ねていくのがキャリアアップの本流になっていくはずです。

## キャリア教育の重要性

個人のキャリア形成がますます必要になっていくうえで重要なのは、さまざまな事柄に興味や好奇心を持って接するということです。自分は何に向いているのか、何が本当にやりたいのか、それを見つけることのほうが最優先事項です。本当にやりたいことがわからないまま、やりがいを感じずに仕事を続けるのは、つまらないもので

図表2-11　若者が好きな仕事を見つけるプロセス

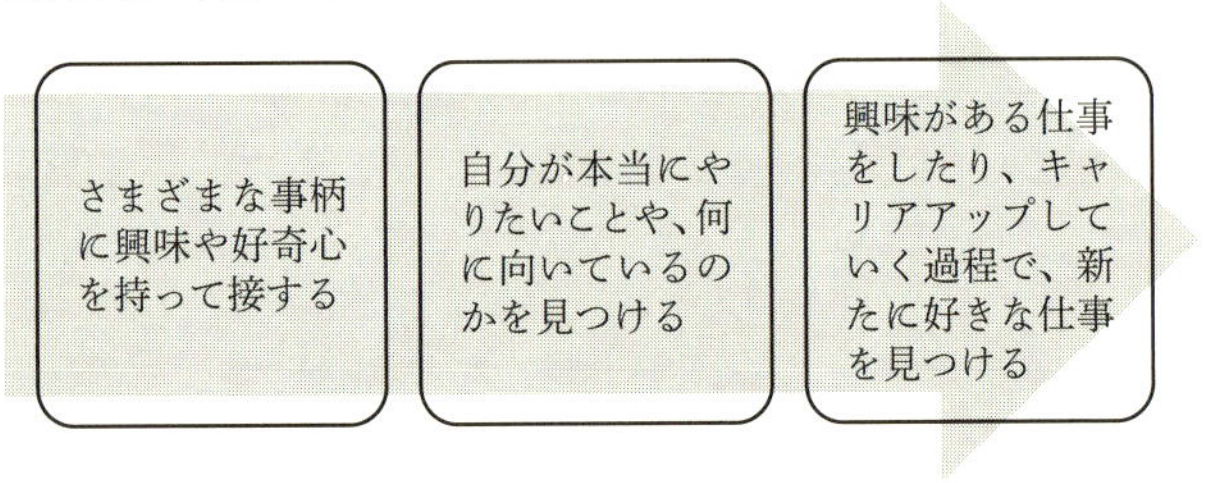
さまざまな事柄に興味や好奇心を持って接する
自分が本当にやりたいことや、何に向いているのかを見つける
興味がある仕事をしたり、キャリアアップしていく過程で、新たに好きな仕事を見つける

す。プロ野球のイチロー選手が引退会見で述べていたように、若いうちに好きなことを早く見つけて一生の仕事にすることができれば、それはこのうえない幸せであると思います。

そういった意味では、大学に入る前からキャリア教育が必要になってきます。日本では若年失業率が先進各国に比して低いものの、過去30年にわたって入社後3年以内に離職する新卒社員は3割程度で高止まりしています。日本でも高校生からキャリア教育を始めれば、企業と学生のミスマッチは減っていくのではないでしょうか。高校生が卒業する時には、「こういう仕事がしたいから、大学ではこういう勉強をしたい」と考えられるようになる教育こそが理想です。

自分はどのような仕事に興味があるのか、どのような職種を選択してキャリアアップしていくのか——若者にはひとりひとりの自発性が求められています。ひょっとしたら幸運にも、天職とも呼べる好きな仕事が見つけられるかもしれません。好きな仕事でもケーススタディ通りに進まないことが多いものですが、自らの考えで試行錯誤を繰り返しながら、苦労した末に経験を積んでいくことが非常に有意義です。その道のプロになるためには、そういう道筋をたどっていくことが不可欠でもあります【図表2－11】。

今から10年前だったら、ひとつのスキルを身に付けるのに5年ないし10年の時間を要する必要がありました。しかし今では、ITやAIが広く普及してきているので、何をしたらスキルを身に付けられるのかが明確にわかりますし、本気で取り組むのであればスキルの取得期間も3年に短縮することが十分可能です。さらにVR（仮想現実）やAR（拡張現実）がいっそう普及すれば、スキルはもっと短期間に身に付くようになるでしょう。詳しくは第3章で述べますが、テクノロジーの進化によって、個人の転職や中途採用が非常に容易になる世界が訪れようとしているのです。

# 第3章　トヨタ「採用の半数が中途」の衝撃

## 過去の俗説と化した転職「35歳限界説」

総務省の労働力調査によれば、雇用の流動化が徐々に進んでいるようです。リーマン・ショック後のリストラを伴う採用減を補うために、企業は２０１４年頃から積極的な中途採用を始め、２０１８年の転職者数は３２９万人と8年連続で増えています【図表３－１】。近年は人手不足に悩む企業が中途採用を増やす一方、より高収入を得ようと転職する中高年の動きが顕著になっているのです。

そのような背景には、少子高齢化に伴う人手不足が続いているだけでなく、ＩＴやＡＩなどデジタル人材の即戦力を求める動きが強まっていることがあります。とりわけデジタル人材は給与や待遇で好条件が提示され、ＩＴ企業に限らず、自動車や電機などの製造業から、小売りや外食などのサービス業に至るまで、幅広い業界で求められているのです。

そのような環境のもとで、中途採用は新卒を含めた全体の採用計画の3割に迫るまでになっています。日本ではバブル崩壊以降、転職というとリストラといったネガティブなイメージがあり、なおかつ給与水準が下がるのが一般的だったのですが、近年は転

**図表3-1　転職者数の推移（2008～2018年）**

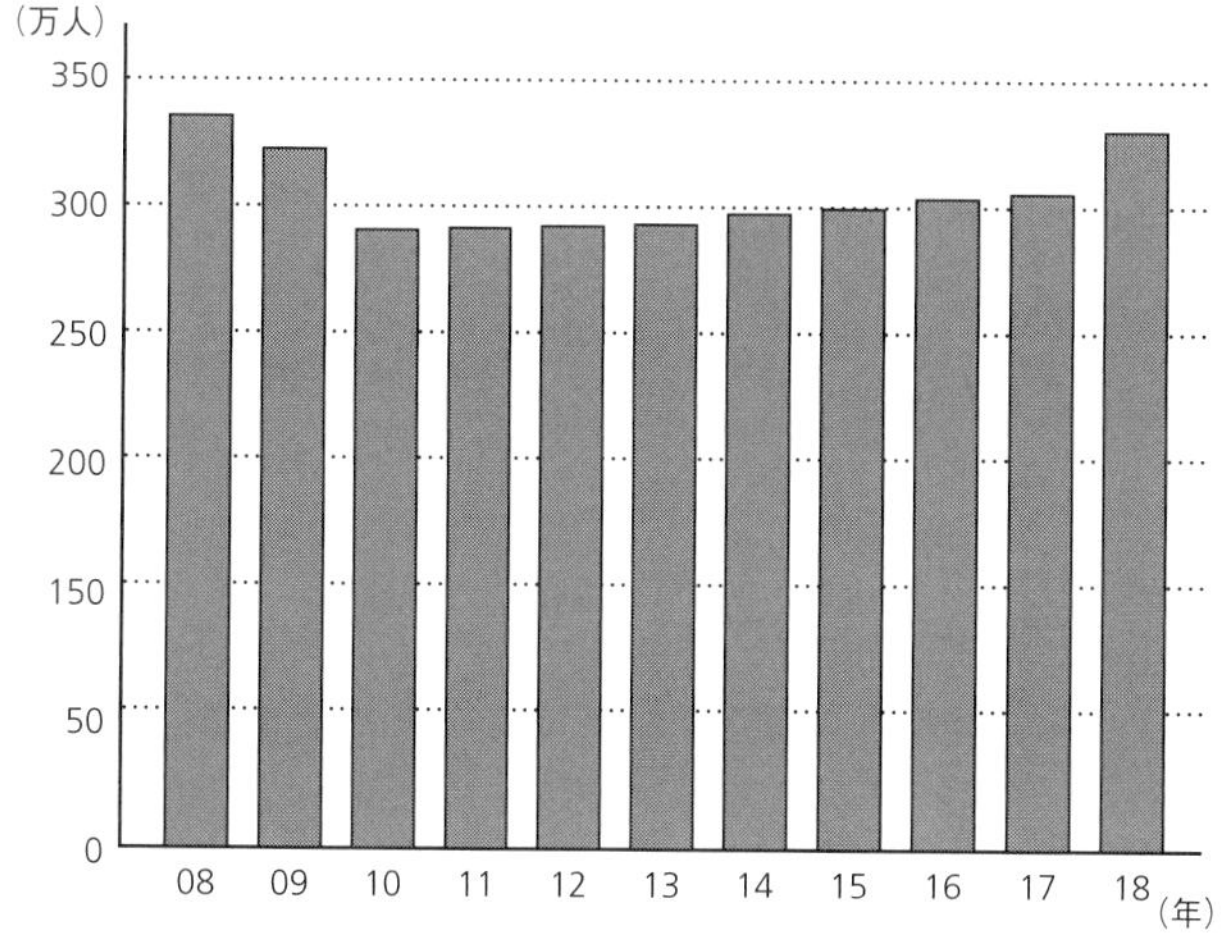


出典）総務省「労働力調査」

職が収入の増加につながる流れが少しずつ定着しているのです。過去10年で見てみると、収入が増えた転職者の割合は２００８年の33・２％から２０１８年には37・０％まで増えています【１０５ページ、図表３－２】。

転職する年齢層にも、若い世代が減って中高年世代が増えるという変化が出てきています。２００８年は若手層（15～34歳）が全転職者の52％、中高年層（45歳～）が27％を占めていたのに対して、２０１８年は若手層が43％まで低下、中高年層が38％まで増加しているのです。この数字は、中高年層の転職が積極化していることを表しています【図表3－3】。

中高年層の転職が増えているのは、年齢が高いほど給料も上がる年功序列の給与制度が崩れてきたからです。とりわけ人手不足が深刻な近年では、若手層の給与を引き上げる一方で、中高年の給与の伸びを抑える大企業が増加基調にあるのです。中高年にとっても大企業で定年まで働くというメリットが薄れてきているというわけです。

ほんの10年前には、30代半ばになると転職が厳しくなるという「35歳限界説」がまことしやかに囁《ささや》かれていましたが、今では過去の俗説になりつつあるようです。企業では新卒採用を絞った「就職氷河期世代」と重なる40代の引き合いが以前より強く、45歳以上の中高年層の転職者も2018年が124万人と、10年前と比べて3割以上も増えているからです。

## 好業績で人手不足なのに「早期退職」を募る理由

2010年代から急速に進んでいる経済のデジタル化は、既存の産業を次々と衰退させながら、雇用も破壊していくという好ましくない性格を持っています。たとえば、先進国でも新興国でも雇用の中核とされている自動車産業では、電気自動車・自

**図表3-2　転職で収入が増えた人の割合の推移（2008～2018年）**

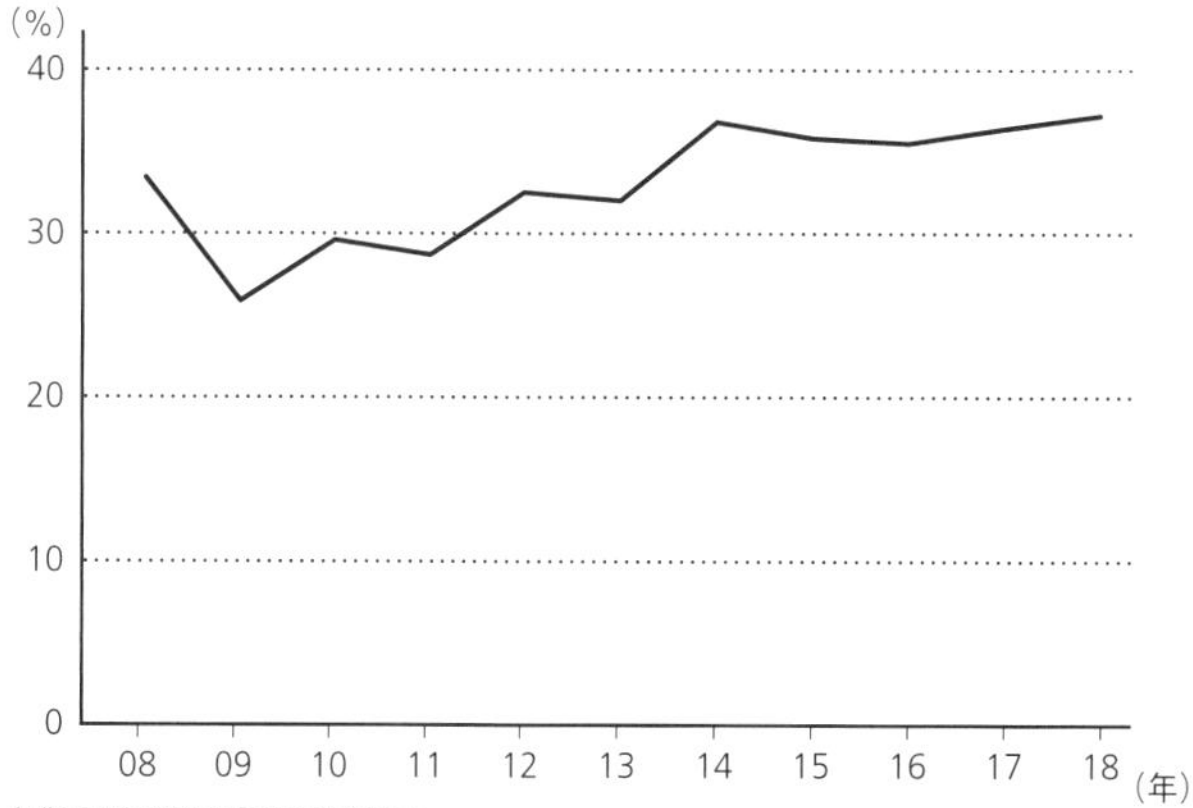


出典）厚生労働省「雇用動向調査」

**図表3-3　年齢別転職者の割合の推移（2008～2018年）**

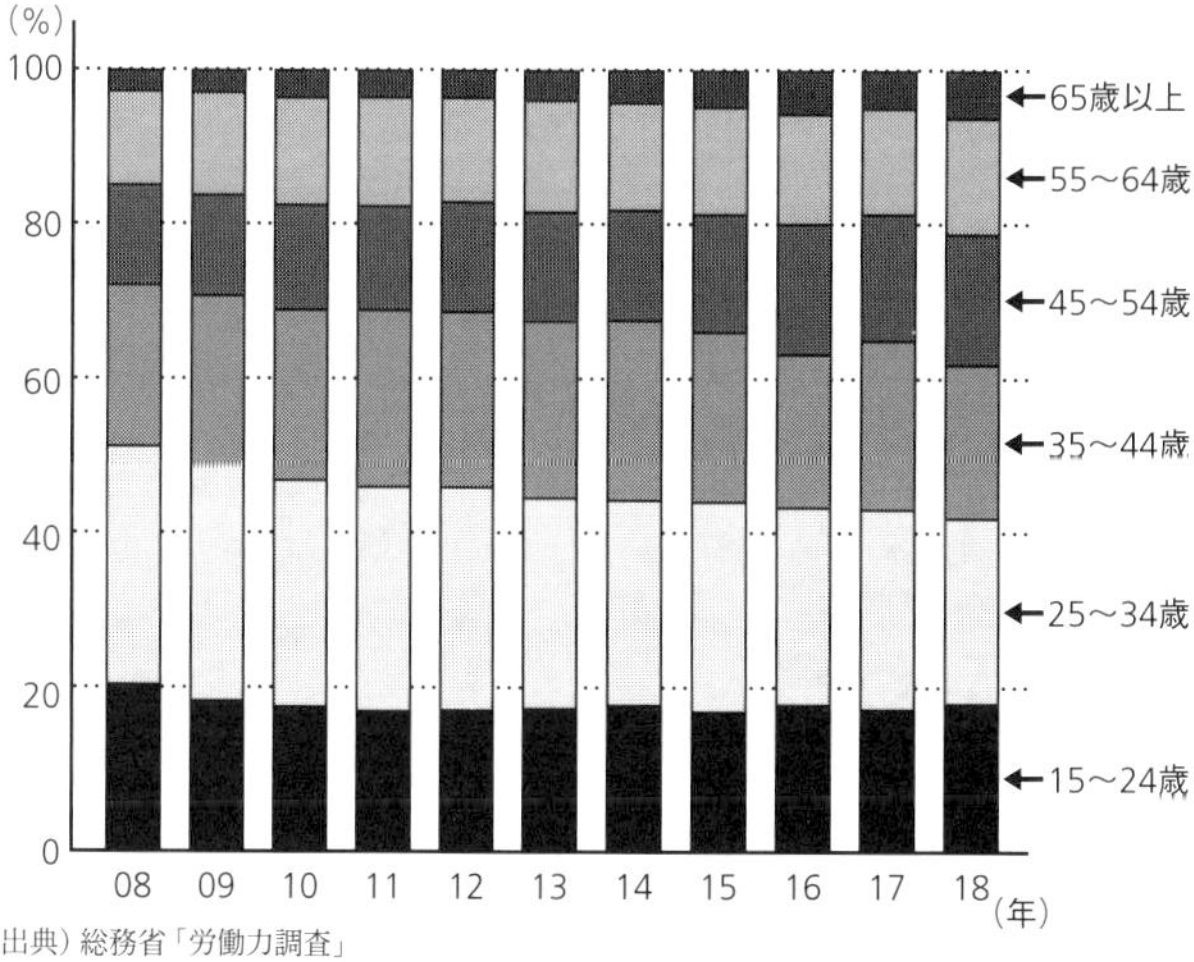


出典）総務省「労働力調査」

動運転・シェアリングなどの技術革新によって、２０４０年までに先進国の新車販売台数が現在の半分以下に減少するだろうといわれています（詳しくは、拙著『日本の国難』（講談社現代新書）１４５ページをご覧ください）。

このような時代の流れのなかでは、たとえ日本のトップ企業であるトヨタでさえ、20年後や30年後も今と同様、安泰であるという保証はどこにもありません。トヨタが電気自動車や自動運転の開発競争で海外の企業に敗れるようなことがあれば、20年後、30年後には経営危機に陥っているかもしれませんし、海外の企業に吸収合併されているかもしれません。

経済のデジタル化は幅広い産業に大変革をもたらす可能性が高まっているので、多くの企業では将来への危機感が高まり、営業や生産の現場でデジタル技術を取り入れようと必死になっています。企業は生え抜きの社員にはいない専門性の高い人材を欲しており、だからこそ中途採用は近年になって、とてもポジティブな意味合いで捉えられるようになっているのです。

ところがその一方で、デジタル人材に限らず人手不足が続いているにもかかわらず、大企業では定年前の退職を募る早期退職を実施しているところが増えています。

すでに紹介した通り、東京商工リサーチの調査によれば、２０１９年上半期（１～６月）の上場企業の早期退職者数は、この時点で２０１８年通年を上回っていただけでなく、２０１８年の2倍超のペースで推移していたのです。

好業績でしかも人手不足のはずの大企業が早期退職を募るのは、年功序列型の給与制度では企業の負担が重くなっているからです。厚生労働省の賃金構造基本統計調査によれば、大企業で大学・大学院卒の男性の給与がもっとも高くなるのは50～54歳で、２０１８年の平均的な月額給与は59万円です。団塊ジュニア世代にあたる45～49歳も54万円と高い水準にあり、大多数の企業では中高年の給与が重いコストになっています。

ですから、企業は業績が好調で余裕のあるうちに、大量に採用したバブル世代や人口が多い団塊ジュニア世代を削減しつつ、若者をできるだけ多く採用しようとしています。経済のデジタル化による事業環境の大きな変化に備えて、企業の人員構成の適正化を今のうちにはかっておきたいのです。

大企業で早期退職の応募が当初の見込みより多く集まっているのは、人生１００年時代を見据えたうえで、早いうちにキャリアの再設計を試みる中高年が増えているからです。バブル崩壊後は中高年の転職がずっと難しいとされてきましたが、今やベンチャー企業やスタートアップ企業などの引き合いが旺盛なこともあり、転職に対する負のイメージは相当払拭されたといえるでしょう。

## 大手企業の4分の1が通年採用を導入

経済のデジタル化に応じて、日本の企業は雇用環境の大きな変化を迫られています。新卒一括採用を発端とした年功序列・終身雇用といった日本型雇用を続けていては、日本の企業は海外の企業との生き残りをかけた競争のステージにすら立てなくなってしまう状況にあります。

新卒一括採用が通年採用へと徐々に衣替えしていくのは、日本型雇用を改めさせる突破口となるのは間違いありません。経団連と大学側が通年採用の導入を推進すると合意したことによって、いよいよ多くの大企業は人事制度をはじめ組織全体の見直しに着手せざるをえないからです。

その結果として、２０１９年は大企業のおよそ4社に1社が通年採用を導入し、今後も導入企業がさらに増えていく見通しにあります。ソフトバンクグループやファーストリテイリング、楽天のようにすでに通年採用を導入している企業は、いずれもべンチャー精神が強く、グローバルリーダーを担う人材の獲得に力を入れています。

通年採用は採用活動のスケジュールが固定せず、効率よく集中することができないため、企業のコストが上がってしまうというデメリットがあるものの、外国人留学生や外国の大学生・大学院生を採用しやすくなるので、優秀な人材を獲得しやすいというメリットが大きいといえます。ジョブ型採用と組み合わせた新しい採用形態は、雇用の流動化が加速する契機になるでしょう。

第2章でも触れたように、日本企業で通年採用とジョブ型採用が同時に広がれば、新卒一括採用の割合が減っていく一方、中途採用の割合が増えてくることになります。そのことは、即戦力となる中途採用者が新卒採用者の競争相手になるということを意味しています。要するに、新卒採用と中途採用の間にあった高い垣根が取り壊されていくというわけです。

「はじめに」で紹介した通り、トヨタは技術職や事務職を含む総合職の採用において、中途採用が占める割合を2019年度に2018年度の1割から3割に引き上げるといいます。中長期的には5割を中途で採用する方針だということです。中途採用では職務における能力や成果によって評価が決まり、それによって給与や待遇を柔軟に見直す仕組みが取り入れられます。トヨタが中途採用を増やす背景には、自動運転やシェアリング、電気自動車化といった対応を迫られていることがあります。

すでにトヨタ本社に先行して、自動運転技術の開発子会社である「ＴＲＩ－ＡＤ（トヨタ・リサーチ・インスティテュート・アドバンスト・デベロップメント）」では、新たに採用する社員の半数以上は海外から来ているといいます。ＩＴやＡＩ、画像認識など専門性の高い人材を中心に採用しようとしたら、海外の人材に依存する必要性を余儀なくさせられるからです。

ホンダや日産など、その他の自動車メーカーも、トヨタが掲げた新しい採用の方針に追随する見通しにあります。日本の大企業が基本的に保守的な経営であることは誰もが知っていることですが、その代表格であるトヨタが変われば日本の大企業全体が変わるといわれているように、トヨタが中途採用を5割にする方針を表明したのは、これまでの日本型の雇用が大きな転換の時期を迎えている証左であると捉えることができます。

こうした流れのなかでは、採用する人材に将来性や能力、スキルがあれば、企業は新卒採用でも中途採用でも高齢者採用でも、高額な給与を提示する必要があります。

自らの能力に自信がある若者のなかには、中高年が意識しているよりもはるかに年功序列型の給与に否定的であり、高額な初任給を当然の権利であると考える人材が増えています。

大企業のほうでも優秀な若手人材に高い給与で報いるため、年齢や勤続年数に応じて一律で給与が上がる年功序列型を改めようとする動きが出てきています。若手の初任給を大幅に引き上げる代わりに、バブル期入社の50代や団塊ジュニアの40代の定期昇給を小幅に抑えるなどして帳尻を合わせる動きが広がっていきそうです。

## 年功序列型の給与制度を突き崩したIT人材の高額報酬

経済産業省の調査によれば、アメリカのIT人材の平均年収は20～50歳で1000万円を超えていて、そのピークは30代の1200万円を超えた水準にあります。これに対して、年功序列型の日本では30代で526万円、もっとも高い50代でも754万円です【112ページ、図表3－4】。

実力主義のアメリカの報酬額から判断すれば、IT業界では若手のほうがスキルや実績があることが明らかになっています。ところが日本の報酬額から見えるのは、た

**図表3-4　各国のIT人材の年収の比較（2016年）**

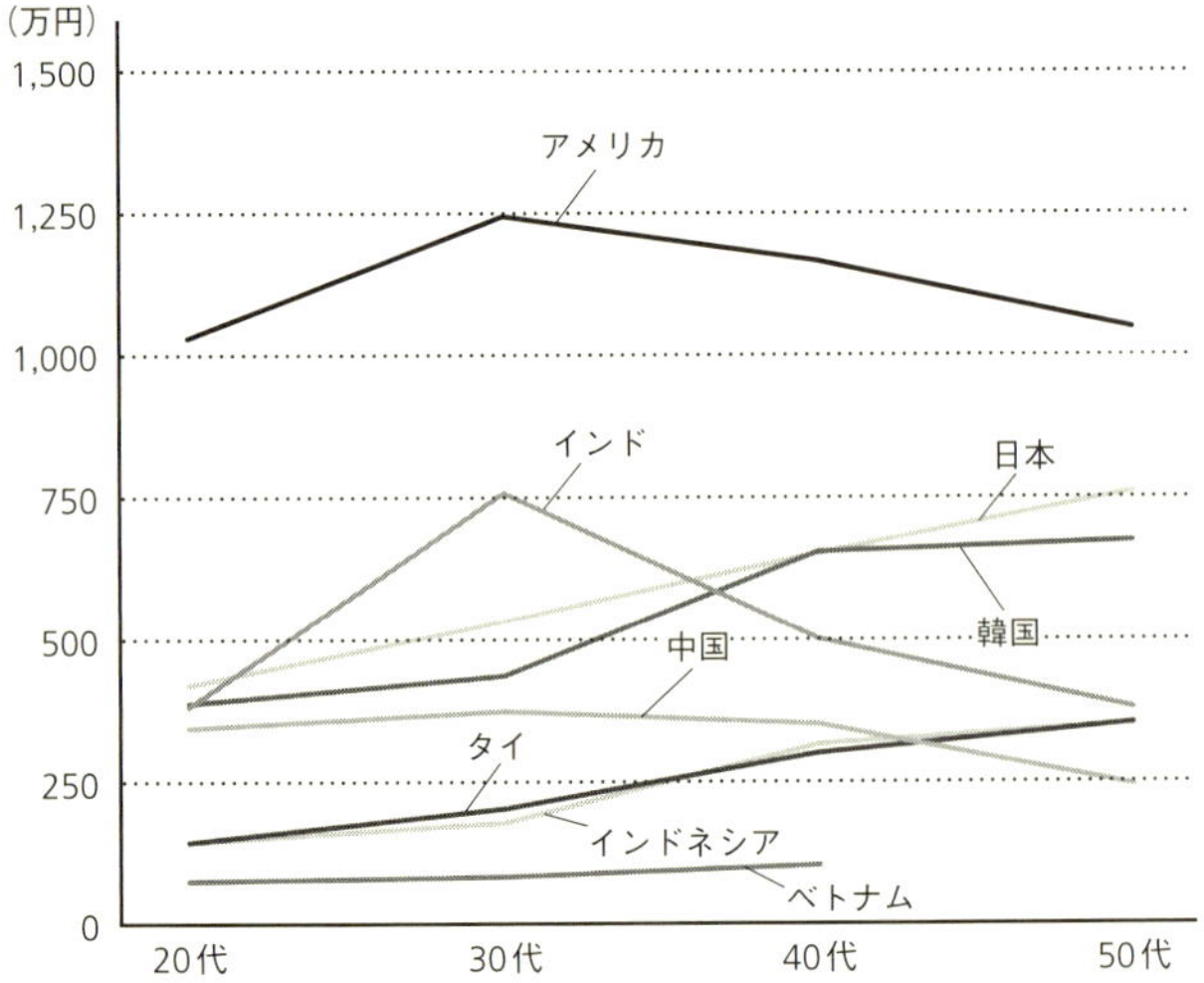


※ベトナムの50代は回答者が1名のため省略
出典）経済産業省「IT人材に関する各国比較調査」

とえ優秀であっても若手は育成している段階にあると位置づけられてしまっているということです。すなわち、年功序列型の給与制度は、日本がIT人材を獲得するための大きな障害になっているというわけです。

こういった状況を何とか打開しようと、企業の規模にかかわらず国内のIT企業では、新卒社員の初任給を能力に応じて引き上げる採用にシフトしていて、年功序列型の給与体系を崩そうとするケースが相次いでいます。有能な若手に報いる採用の仕組みを整えなければ、給与体系や働き方が柔軟な外資系ＩＴ企業との人材獲得競争でまったく勝負にならないからです。

ＮＴＴは研究開発を担う人材として毎年60人ほどの新卒を採用していますが、ＧＡＦＡなどは優秀であれば新卒でも年収２０００万〜３０００万円で採用しているので、ＩＴ人材の奪い合いが年々激しくなっています。おまけにＮＴＴでは、ＡＩ開発やデータ分析を担う人材のおよそ3割が、35歳になるまでにＧＡＦＡなどに引き抜かれてしまうという事態に悩まされているというのです。

このような深刻な事態を受けて、ＮＴＴは研究する人材が枯渇してしまうという危機感から、２０１９年度に給与制度を改革し、研究開発やエンジニアを対象に高額の報酬を与えられるようにしています。組織が硬直した日本企業の代表といえるＮＴＴが、これからどこまで制度を変えていけるのか、注目したいと思っています。

親会社のＮＴＴに先んじて、すでにその子会社では年功序列を突き崩す動きが始まっています。ＮＴＴデータは２０１８年に、高度なデジタル人材を高額の報酬で雇用する制度を新設しています。雇用形態は無期雇用が前提の正社員とは異なる有期雇用となるものの、成果次第では最高で同社の平均年収の３・７倍にあたる３０００万円の年俸で処遇される場合もあるということです。

ＮＴＴドコモでも２０１９年に、研究開発やエンターテインメント、スマートライフなど非通信分野を対象にした新しい人事制度を設けています。ＡＩやビッグデータなどに精通した人材に対して、同社の平均年収の３・４倍に相当する３０００万円を超える年俸になる場合もあるといいます。採用時に前職での実績を考慮して報酬額が決まり、１年ずつの契約になるということです。

当然のことながら、高額な報酬を提示するだけでは、企業が必要とする人数を確保するのは難しい情勢にあります。ほとんどの産業でデジタル化の波が押し寄せているなかで、高度なデジタル人材の需要はうなぎのぼりですが、まったくといっていいほど供給が追いついていないのです。

そういった経緯もあって、すでに社内にいるＩＴ人材を高度化して必要な人数を確保しようと、社内研修を実施する企業も増えてきました。たとえば、伊藤忠テクノソリューションズは２０１９年から選りすぐりのエンジニアに対して、高度なＡＩ開発やデータ分析の技術を修得する研修を実施しています。ダイキン工業も大阪大学と協力して、ＡＩ人材を育成する社内講座を開講しています。

とにもかくにも、高度なデジタル人材が従来の給与体系を壊す端緒となり、これまでの給与体系とは異なる採用が認められるようになっています。それは、雇用市場が企業の求める即戦力の採用によって流動化し、新卒採用と中途採用の間にある障壁が崩れ落ちるという帰結につながります。言い換えれば、将来的には年功序列の制度が瓦解していくというわけです。

## 「適材適所」から「適所適材」へ

世界でビジネスモデルの変化が目まぐるしい時代に、新卒で採用したすべての社員を長い期間かけて悠長に育てていくのは難しくなりつつあります。日本においても中途採用が前向きに捉えられてきていることで、若手を育てるコストと時間をかけるよりも、優秀な人材を転職市場からすぐに採用しようと考える企業が増えているのです。

これからは企業の職務に対する認識が強まり、まず初めに人材がいて「適材適所」に配置していくという従来型の人事ではなく、求められる職務に応じてふさわしい人材を充てる「適所適材」という考え方が主流になっていきます。給与は年齢ではなく職務に対して支払われるので、毎年無条件で昇給するということはなくなります。

その具体的な事例としては、光学機器・医療機器大手のオリンパスが2019年に、国内のすべての管理職を対象にジョブ型の人事制度を導入しています。欧米のジョブ型雇用に従って、担当する職務や範囲、難易度、必要なスキルなどがまとめられた「職務記述書（ジョブ・ディスクリプション）」を用いているといいます。

オリンパスのようなグローバルな企業が、国内で求められる職務の人数を満たすためには日本人だけでやっていくのは不可能であり、外国人や若い世代の幹部や管理職への起用が目に見えて増えているといいます。同社がジョブ型雇用への転換を試みたのは、海外企業との競争で生き残りをはかるための判断だったということです。

ただし、いうまでもないことですが、転職市場には必ずしも有能な人材が溢れ出ているというわけではありません。目下のところ、中途採用の求人はＡＩ技術者など数から質へとシフトしつつありますが、厳しい現実として求職者のなかには、今まで在籍していた会社内でしか通用しないスキルだけの人材が多いといわれています。

これは、終身雇用の制度が長続きしてきた弊害として、本当の意味で中途で採用したいという人材が、おのおのの企業内で育っていないからです。そのせいで今後は転職ができず、否応なく進むテクノロジーの変化によって今の仕事さえ失う社内失業者が増えるだろうといわれています。リクルートワークス研究所の調査によれば、日本企業のなかには社内失業者が２０２０年の時点で推計４０８万人いるとされていますが、中高年を中心にこの人数は増えていかざるをえないでしょう。

古き良き終身雇用の時代では、会社が社員にお金をかけて社内で通用するキャリアをつくってくれましたが、すでに指摘してきたように、これからのジョブ型雇用の時代では、社員は社外でも認められるキャリアを自分でつくっていかなければなりません。会社が個人のキャリアを考えてくれるという世界から、個人が自分のキャリアをどう形成していくかという考え方へ転換することが求められているのです。

残念なことに、こうした流れに適応できない人は、ビジネスの世界では落伍者になる可能性が高いといえるでしょう。その点で、若い世代は、心の準備ができているように見えます。第2章でも紹介したマイナビの調査によれば、将来的に転職もありうると考える学生が54・5％と、転職はない（定年まで働く）と考える学生の21・8％を圧倒しているからです。

## 起爆剤としての中途採用

いずれにしても今後は、若手から中高年にかけて中途採用の比率が上昇の一途をたどり、将来的には新卒一括採用と同等にメジャーな採用になっていく流れは不可避です。中途採用の市場が量だけでなく質をともなっていくかどうかは、仕事へのモチベーションが高い人や、自発的にキャリアの形成を考える人がどれだけ増えていくかに懸かっています。ひいては、そのことがこの先の日本経済の浮沈を握っているといっても過言ではありません。

世界の人々はデジタル革命によって、物理的な距離や言語的な差異が容易に乗り越えられるようになりました。消費市場がグローバル化して商品・サービスのニーズが多様化しつつある現状では、それに対応できる人材の採用が企業の成長に不可欠であることは疑いの余地がありません。ですから、競争力を何とか強化したい日本の企業は、外部から多様な人材を取り入れて、硬直した人事制度や企業風土を変えなければならないと考えています。

その代表的な事例として、ビール大手であるキリンホールディングスの磯崎功典社長は2019年4月の入社式で、「これからは外部から中途採用した人材が5割にな

**図表3-5　雇用は中途採用が標準になる背景**

| | |
|---|---|
| ① | 世界でビジネスモデルの変化が目まぐるしいなか、新卒の社員を時間をかけて育てていくのは難しい |
| ② | 若手を育てるよりも、優秀な人材を転職市場から採用したほうがコストがかからない |
| ③ | 求められる職務に応じてふさわしい人材を充てる「適所適材」という考え方が主流になる |
| ④ | 硬直した人事制度や企業風土を変えるために、外部から多様な人材を取り入れる必要がある |

っても構わない」と新入社員に語りかけています。今のところ、同社で中途採用の人材は1割にも満たない状況ですが、今後は積極的に外部人材の採用を続け、保守的で官僚的な企業風土に大きな変化をもたらそうとしているのです。

キリンホールディングスは他の多くの財閥系企業と同じように、保守的で官僚的な企業風土を持っているがゆえに、自由かつ柔軟な発想に乏しく、ヒット商品が生まれにくい環境になっていました。2015年、磯崎社長は自らが社長に選ばれた理由について、「過去のしがらみを断ち切ることができると期待されているのだろう」と述べていますが、社長就任後、外部から人材を採用しては要職に就けてきました。

久々のヒット商品となった「本麒麟」を手掛けた功労者は、まさに外部からヘッドハンティングした人材でした。「本麒麟」の成功は、ヒット商品を生む原動力は多様な人材が自由な発想で意見を交わして生まれることを実証的に示しています。そういった当たり前の考え方が日本企業の標準になり、中途採用の広がりが日本企業の起爆剤として期待されるところです【図表3－5】。

## 「50年の会社員人生で転職2回」の時代

経済のグローバル化やデジタル化によって、国内外を問わず企業間の競争は日々厳しくなっており、世界的に企業の寿命が短くなる傾向が鮮明になっています。アメリカでは株価指数S＆P500を構成する大企業の平均寿命は1960年には60年を超えていましたが、近年ではその半分にも満たない24年にまで短くなってきています。長寿の企業が比較的多いといわれる日本でさえも、東京商工リサーチの調査によれば、2018年に倒産した国内企業の平均寿命は24年にまで縮まってきており、遅かれ早かれ、平均寿命が20年を割り込むのは時間の問題だろうといわれています。

これからの日本では、大学を卒業して70～75歳まで働くとすれば、50年前後の会社員生活は1種類の仕事だけをするには長すぎるという状況にあります。企業の平均寿命が着々と短くなって20年を切るようになれば、職業寿命は企業寿命の2・5倍以上の長さになってしまうからです。政府は将来、高齢者が70〜75歳まで働ける環境を整えていくつもりですが、そうなれば計算上は人生で3つの仕事や会社を経験する機会を得なければなりません。そこで必要となるのは、転職で有利になるキャリアやスキル、仕事へのモチベーションの高さです。

2018年の日本人男性の平均寿命は81・25歳、女性は87・32歳と過去最高を更新していますが、健康上の問題で日常生活をなんら制限されることなく過ごせる期間を示す「健康寿命」は、2016年の時点で男性が72・14歳、女性が74・79歳と推計されています。男女とも70歳まで働いたとしたら、リタイア後に健康に生活を送れる期間はそれぞれわずか2年と4年しかありません。そのような社会が現代の人間にとって本当に幸せといえるのだろうか、そういった疑問を感じる人も少なくないかもしれません。

## 健康寿命を延ばす大きなポイント

しかし私は、ＡＩを用いた医療や創薬の進歩によって、これまでと次元が異なる予防も含めた治療方法が確立され、健康寿命を今よりも10歳くらい延ばすことは十分に可能だろうと考えています。そのうえ、今の若者に見られる仕事への価値観の変化が、健康寿命を大幅に延ばすカギを握っていると思っています。仕事に情熱を持ってやるか、情熱を持たずにやるか、前者と後者では個人にかかるストレスに雲泥の差があるからです。ストレスを感じずに仕事を楽しむことによって、がんなどの大病のリスクが軽減されますし、健康寿命をさらに延ばすことができるのではないでしょうか。

第2章の冒頭でも述べたように、今の若者にとって仕事とは、自らがスキルを磨いて成長できる機会であると同時に、やりがいを感じることができる対象です。仕事をすることが楽しくならなければ、その仕事をする意義は薄いという価値観を持っているのです。中高年も仕事に対する価値観を若者と同じように変えていくことが、人生を楽しく豊かにするヒントになるはずです。「好きこそ物の上手なれ」を地で行くことが求められているというわけです。

たしかに、２０２０年には働く人々は70歳までの雇用を保証される見通しですが、ただ目標もなく惰性で仕事をしているだけでは、自らが希望する仕事に従事する可能性は低くなると考えたほうが無難です。生涯労働といって差し障りのない環境が整備されるとなれば、希望しない仕事はできるだけ避けたいところです。人生を通して満足感を持って働き続けるには、たとえば、20～30代後半、30代後半～50代前半、50代前半～70代前半とキャリアを3区分して考えながら、リカレント教育（学び直し）も活用して自らの新たなスキルを高めていくべきでしょう。

## 世界でも突出して学び直しをしない日本人

リカレント教育とは、義務教育や高等教育を修了して就職した後でも、大学などに通って学び直せる教育システムのことをいいます。スウェーデンの経済学者であるゴスタ・レーン氏が提唱し、1970年代にOECD（経済協力開発機構）が取り上げたことで国際的に認知されました。個人が生涯で働く年数が長くなるなかで、学生時代に修得した知識やスキルだけではビジネス環境の変化に対応しきれないため、学び直しへの注目度が大いに高まっています。

リカレント教育でもっとも一般的なのは、大学・大学院が社会人を対象に開設する公開講座です。昨今はオフィスビル街にサテライトキャンパスを構える大学もあり、社会人も通勤前後に通いやすい状況です。通うのが難しいという場合には、インターネット経由の通信教育を用意している大学もあります。また、大学の講座に限らず、インターネット上で学べる多種多様の通信教育も存在します。時間や場所の制約を受けずに、自分のペースで学べるというメリットは大きいでしょう。

ただ、リカレント教育は新たなスキルを得るために有効性が確認されているにもかかわらず、日本では学び直しを実践している人の割合は少なすぎるといわざるをえません。25〜64歳のうち大学などの機関で教育を受けている人の割合を先進国間で比較すると、日本の割合は2・4%と、アメリカの14・3%、イギリスの15・8%、OECD平均の10・9%を大きく下回っているのです。その主因は日本企業の長時間労働にあり、働き方改革により長時間労働の是正は進んでいるものの、学び直しの絶対的な時間が不足しているというわけです【図表3－6】。

それはともかく、人生の再設計にもつながるリカレント教育が秘める可能性は大きいといえます。経済産業省および厚生労働省は、AIやデータ分析といった高度なIT技能を取得するために必要な費用を助成してくれるというので、そういった制度を

**図表3-6　リカレント教育を受けている割合の各国比較**

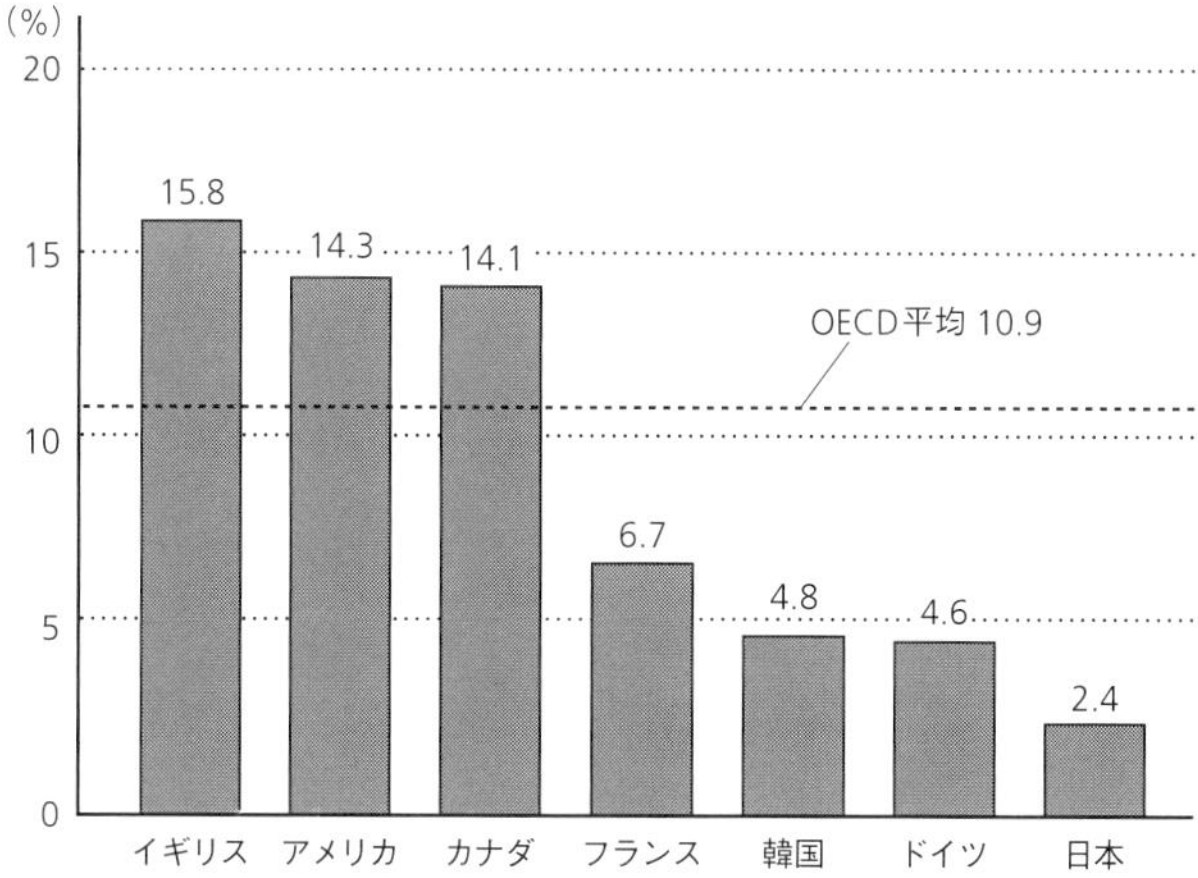


出典）OECD "Education at a Glance 2017"

活用することもおすすめしたいところです。

仕事を効率的にこなしながら、学び直しの時間をつくることが、その人の人生を豊かなものにします。旺盛な好奇心を持ちながら、謙虚に学ぶ姿勢を継続していく人こそが、学び直しでも成長できるのです。

## 副業のメリット

厚生労働省は2018年にモデル就業規則から副業禁止規定を削除し、「労働者は、勤務時間外において、他の会社等の業務に従事することができる」と規定しました。企業は副業への期待と不安が交錯しているなかで、働き方改革の一環として、社員に副業を認める動きを徐々に進めています。

終身雇用と自前主義を貫いてきた大企業の多くは、かねて自社の人材を外部に出すことや、他社の人材を受け入れることに慎重だったのですが、いよいよ自社では足りない即戦力を確保するために、副業に解決の糸口を見出し始めています。大企業による副業の本格的な活用はこれから始まろうとしているところで、専門性の高い外部の人材を取り込み、経営改革や新規事業の創出に結び付けたいと考えているようです。

無論、そういった前向きな考えを持っている企業ばかりではありません。大企業の社員を中心に、収入が大幅に減っているという現実があるからです。働き方改革における残業時間の制限によって、残業手当が以前のようにもらえなくなったため、年収800万円だった人が650万円になったり、600万円だった人が500万円に落ち込んだりしています。企業も社員に副業を認め、残業の減少による収入減を補ってもらうしかないというわけです。

総務省の就業構造基本調査によると、副業に従事している人数は推計で268万人とのことです。残業時間が減ったせいか働く人々の関心は高まっているものの、実際に始めている人は限られているのが実状のようです。多くの企業が副業に対して、社員の労務管理の難しさなどを懸念していて、社員がそれを忖度しているようなのです。日本経済新聞（２０１９年5月20日付）のアンケート調査によれば、大企業のおよそ半分が社員に副業を認めているといいますが、消極的な容認にとどまっているのが実態といえるでしょう。

そのような有り様のなかで、社員の活躍の場を広げて成長を支援しようと、副業を推奨している大企業もあります。衛生用品メーカー大手のユニ・チャームが２０１８年に副業制度を導入後、高齢者用オムツの開発をしている若手の社員などは、老人ホームで介護ヘルパーとして働いているといいます。実際に介護の現場で職務を果たすことで、オムツの開発での反省点や改良点がわかり、こういった若手社員の意見が開発チームのなかで反映され、商品の改良に結びついているというのです。

ユニ・チャームのように副業を積極的にすすめる企業は、社員に外部のノウハウを吸収してもらい、人材育成や新事業の創造につなげたいと期待しています。その一方で、副業に挑戦しようとする社員は、社内で周囲と同じように働いているだけでは自らのスキルは高まらないと考え、キャリアを形成する絶好の機会として捉えています。副業の広がりは、企業と社員の双方にメリットがあり、双方に新しい可能性をもたらすチャンスであるともいえるのです。

ただし私は、企業が終身雇用や定期的な昇給を保証できない時代を迎えつつあるなかで、社員は副業経験を本業に必ずしも活かす必要はなく、自らのスキルを高める場として割り切って副業に従事してもいいのではないかと考えています。

やはり副業の基本というのは、自らが有する中核のスキルを用いて、請負先の企業に利益をもたらすということです。自分がキャリアのなかで養ってきたスキルを必要とする企業に提供して、正当な対価を得るようにすればいいのです。働き方改革で1年間の残業代が100万円減ったとしても、月々5万円の報酬を出したいという企業2社と契約することができれば、かえって年収は20万円増やすことができるわけです。

## 人生と仕事を何度もやり直しができる世界

さらに自分の価値や評価をもっと高めたいのであれば、次の項目でも説明するように、中核のスキルのほかに新しいスキルを持つようにすることです。デジタル技術の飛躍的な発展により、スキルの取得にかかる時間を劇的に短縮化することができるからです。そうすると、個人はひとつのキャリアを中心に周辺の専門性を高めることができますし、多方面にわたる専門家になることができるのです。

また、今までのキャリアをためらいもなく捨て去り、まったく新しい分野の専門家になることもできます。ひとつの会社でしか通用しないスキルをいくら身に付けても、事業モデルそのものが変わってしまえば個人は身動きがとれなくなってしまいます。さりとて、さまざまなスキルを取得するための時間が思いのほか短くなっているので、人生も仕事も何度でもやり直しができる世界になろうとしているのです。

新しいスキルを身に付けたいと思ったら、できることであれば、自分が好きなことや興味があることを選ぶようにするのが好ましいです。それに加えて、すでに持っているスキルと相乗効果を発揮しやすいことを選べるのであれば、なおさら望ましいといえます。個人が社外でも通用するキャリアを自ら形成することができれば、企業に縛られない自由な働き方やキャリアの歩み方が普及していくきっかけにもなるでしょう。

たとえば、初めて就職した会社で若手のうちにキャリアを磨いた後、フリーランスとして独立し、キャリアをさらに磨き続けるという選択肢もあるでしょう。そして、自らの仕事ぶりが高く評価されるようになれば、ある企業にヘッドハンティングされる場合もあるでしょうし、元の会社に相応のポジションで戻るという場合もあるでしょう。

こういった模範的なパターンでは、専門性の高いデジタル人材がフリーランスとなって活躍するケースが多くなっていきそうです。変化が著しいＩＴやＡＩの領域では、企業は個々の案件に応じて、必要なスキルを持ったプロと契約することが一般的だからです。キャリア志向が強いデジタル人材は、企業からＡＩ開発やウェブマーケティングなどを請け負って、月収が１００万円を超えるような仕事をひとつひとつこなしながら、自らの価値や評価を高めていくようになるでしょう。

今にしてようやく、私たちはデジタル技術を活用することによって、自分にふさわしい生き方や職業の選択ができるようになってきました。これからの人生の転換点において、個人の努力の成果を如何なく発揮できる私たちは、会社に就職するのがすべてではなく、会社に属さない自由な働き方にも自然と目が向くようになっていくでしょう。

場所を選ばずに誰とでも働くことができるので、型にはまらない柔軟なアイデアが生まれやすくなり、いっそう豊かな人生を手に入れることができる可能性が高まっているのです。

## 3年でひとつの領域のプロを目指す

第1〜2章の流れのなかで述べたように、経団連の中西宏明会長やトヨタ自動車の豊田章男社長は、終身雇用の維持が困難になってきたとの認識を相次いで表明しています。まるで2人の実力者の表明に示し合わせたかのように、政府はほとんど同じタイミングで、企業に70歳までの雇用について努力義務を課す方針を明らかにしています。

2020年に検討されている法改正はあくまでも努力義務ですが、すでに指摘したように、いずれ70歳までの雇用義務化や75歳までの努力義務化が既定路線となってきます。日本人の平均寿命が延びているとはいえ、70歳や75歳はかなりの高齢であるので、これは事実上の生涯労働政策と考えて差し支えありません。

経済界が「終身雇用は限界にある」と言い始めたのと同じ時期に、政府が「高齢者の雇用を延ばしてほしい」というメッセージを出しています。一見、正反対のことを言っているように見えますが、実は双方のメッセージはあまり矛盾していません。今後は企業が必要とする人材しか採用しない傾向が強まっていくので、定年を迎えてもスキルが活かせる人は重宝されるからです。若い時より体力的に衰えるということはあるかもしれませんが、基本的にはスキルがあれば働き続けることができるというわけです。

職業寿命が企業寿命の2倍を超えてしまう点では、ＩＴやＡＩの力によって専門家になるスキルを修得する時間が大幅に短縮できるというのは、非常に有意義なツールになると考えています。今では脳科学や行動心理学などの見識を駆使して、効率的にスキルが獲得できるコンテンツが語学学習や受験勉強などの分野で普及し始めています。あと数年単位の時間を要するかもしれませんが、その時には多種多様な分野のコンテンツができあがってくることになるでしょう。

10年前や20年前だったら、職人のような専門性が極めて高い技術を身に付けるのには、何年もかかるといわれていました。たとえば、少子高齢化によって建設・土木の現場の職人不足が深刻化しているなか、若い世代が職人の技術やノウハウを受け継ぐための人材育成が遅れているといわれていますが、親方や先輩の背中を見て学ぶ時代はすでに終わりを迎えているのかもしれません。基礎や鉄筋、外壁、塗装、左官、内装といった工事を受け持つ職人の技術は、作業の手順やコツ、注意点などを解説する動画の閲覧サービスを活用すれば、ある程度の水準までは学ぶことができるのです。

あるいは寿司職人になろうとしたら、親方のいる店に弟子入りして、最初は皿洗いや掃除、雑用などから始まります。魚を扱えるようになるまで5年、寿司を握れるようになるまで10年かかるのが普通だといわれています。

しかし、いずれにせよ近い将来、AIやVR、ARを活かした、リアルな反復練習が可能になれば、親方や先輩の技術を数年で伝承することは難しくなくなるでしょう。さまざまな職業の見識をデジタル化してまとめたコンテンツが普及すれば、誰もが真剣に学ぶことで熟練したスキルをこれまで以上に早く身に付けられるようになるからです。近年の医療ドラマなどでは、医師がVRで手術の特訓をするシーンがよく見られますが、あらゆる業種でそのような訓練が可能になっていくというわけです。

デジタル技術のイノベーションが起こりつつあるなかでは、個人は情熱や努力次第で3年もあればひとつのプロ領域をつくれるようになります。そうであるならば、9年にわたってモチベーションを保って精進を続けていけば、3つのプロ領域を獲得できるという計算になります。

ですから、私はこれからの時代は、若手や中堅であればスキルは最低でも3つは持ってほしい、年輩であってもできればふたつは持ってほしいと考えています。スキルは多ければ多いほど、個人の価値を高めることができます。仕事で派生的に身に付けるスキルでもいいですし、趣味と関係のあるスキルでもいいのです。

## 人生を豊かにするためのヒント

先にも重要な点として述べているように、誰であろうが仕事を楽しむということが、その人の人生を豊かにするヒントになります。仕事が自分にとって好きなこと、やりがいのあることであれば、おのずと熱中できるはずなので、スキルは着実に上達していく傾向が強いはずです。そういった意味では、個人が一生を通して好きなことを仕事にできれば理想ではあるのですが、その好きなことに関するスキルが20年後には必要性がなくなってしまうかもしれないことや、あるいは、その好きなことに人生の途中で飽きてしまうことも想定しなければならないでしょう。

私の経験から申し上げると、経営アドバイザーや経済アナリストとして一生懸命に仕事に打ち込んできた結果、およそ十数年を過ぎた頃に、それまでの情熱が少し冷めてくるというか、何か新しい仕事をいちから始めたいという衝動に駆られるようになりました。それまでは仕事が楽しくて仕方がなかったのですが、自分が目標としていたレベルまでやり切ってしまったので、次は何か違う仕事をしてみたいと思うのは、むしろ人としては自然な気持ちの流れなのではないかと思っています。

だからここ数年の私は、仕事を目いっぱい楽しんでいるというよりは、楽しみの度合いが減った分、それを使命感で補って仕事のモチベーションを保っている状態が続いています。一般的に、自分自身の興味というものは、キャリアの形成でも趣味の世界でも、時間の経過とともに衰退していくものです。そうなった時に人生を楽しむためのひとつのキャリアの歩み方としては、今の仕事に新しい目的を見出してモチベーションを保ちながら、次に興味を持ち始めたものが仕事にできるようにスキルを学び始めるということです。

趣味についてもこれまでは長い時間をかけて少しずつ自らのレベルを上げていったのに対して、今後は3年もあれば何十年も続けてきた人のレベルに到達できる蓋然性が高まっていきます。だからこそこれからの時世では、趣味にわりと早く飽きてしまう人が増えてくるでしょうが、これが過去と比べて幸せかどうかは個人の価値観によるのでわかりません。それでも私は、人生のなかでいろいろな趣味を楽しめる機会が

**図表3-7　これからの時代はスキルを最低3つは持ちたい理由**

| | |
|---|---|
| ① | いずれ70歳までの雇用義務化や75歳までの努力義務化が既定路線となってくるなかで、スキルが活かせる人は重宝される |
| ② | AIやVR、ARなどの技術を組み合わせることで、個人が専門性の高いプロになって活躍するまでに3年程度で済むようになる |
| ③ | これまでひとつのスキルを身に付けるまで10年といわれていた期間で、3つのスキルを身に付けることが可能になる |
| ④ | 自分にとって好きな仕事、やりがいがある仕事の必要性がなくなってしまったり、飽きてしまった時にうまく切り替えることもできる |

増えていくわけですから、前向きに捉えたほうがいいのではないかと考えています。

やはり人生を豊かにする基本は、仕事を楽しみながらするということです。仕事を楽しむ秘訣というのは、種々雑多なことに好奇心を持つことで、「楽しむ能力」を身に付けるということです。いろいろな変化を前向きに捉えるというのも、「楽しむ能力」のひとつであると理解しています。今の若い人々を見ていると、「楽しむ能力」を獲得している、または獲得していく適性が高いので、これからの社会では、仕事を一生懸命に楽しみながらやれば、また次の新しい仕事に挑戦したいという意欲が湧いてきて、うまく切り替えができる人が増えてくるのではないかと思っています【図表3－7】。

## 1000人に1人の希少性を持つ裏技的な方法

新しい技術が広まる世界では、個人が会社に所属していようが、所属していまいが、大半の仕事はわざわざ会社に出勤して行う必要がなくなっていきます。高いスキルや知識を持っている人にとっては、組織に所属しているか否かにかかわらず、新しいプロジェクトが立ち上がるたびに、そのなかで役割を分担するケースが増えていくでしょう。言い換えれば、さまざまなビジネスを股にかけるような働き方が、将来的には多数派になっていくわけです。

実際、シリコンバレーなどでの新型自動車の開発プロジェクトでは、そのプロジェクトのために世界から選りすぐった高スキルな人材集団が、世界に散らばる個々のオフィスから参加しています。クラウドなどのＩＴ環境でつながって開発を行っているので、同じ場所に集まるということはほとんどありません。かつては会社といった組織のなかでしか遂行できなかった仕事が、今や世界から専門性の高い人材を集めることで達成できるようになっているわけです。

変化が遅いといわれる日本でも、10年後にはこのような形態のプロジェクトが広まっているのは間違いありません。ひとつの商品やサービスを開発するうえで、エンジニアはアメリカ人と中国人、デザイナーはフランス人、マーケティングは日本人、セールスはオーストラリア人といった具合に、世界中から人材を集めていくことが当たり前になっていきます。商品やサービスの多様化がいっそう進んでいる未来は、ひとりひとりの個性やアイデアの価値がますます高まっていかざるをえないからです。

世界で話題になるようなプロジェクトのメンバーに選ばれるためには、専門性の非常に高いスキルを持っていなければなりません。たとえば、シリコンバレーや深圳《しんせん》などの大型プロジェクトに参加できるようになるためには、専門性をひとつのスキルだけで判断するならば、1000人に1人とか2000人に1人といったレベルに達していないと難しいでしょう。こういった現実的なストーリーを前段だけでも聞くと、大多数の人が「そんなレベルに達する自信がない」とあきらめてしまうのではないでしょうか。

しかしながら、個人の価値を飛躍的に高める方法というのは、なにもひとつの専門性を極めるだけということではありません。極めるというレベルにまで達していなくとも、個人が複数のスキルを持つことで1000人に1人、さらに1万人に1人の価値を獲得することは、みなさんが思っているほど難易度が高くはないのです。少なくとも現時点では、スキルを３つも持っていれば、スキルの相乗効果も相まって個人の価値は相当に引き上げられるはずです。というのも、個人の価値はスキルの数の「足し算」ではなく、「掛け算」で決まるからです。

たとえば、専門的なスキルAを１０００人に１人や２０００人に１人のレベルにまで磨くには気後れしてしまうかもしれませんが、10人に１人のレベルにまで高めるのは比較的容易なことです。続いてスキルBとスキルCを同じように10人に１人のレベルにまで高めることができれば、１０００人に１人（$\frac{1}{10}\times\frac{1}{10}\times\frac{1}{10}=\frac{1}{1000}$）の逸材になることができるのです。９年のプランで考えれば、３年で10人に１人、６年で１００人に１人、９年で１０００人に１人と、段階的に価値を高めることができるというわけです。

そこへ持ってきて、このうちスキルCが自分の大好きな趣味などと重なっていれば、10人に１人とはいわず１００人に１人のレベルに達するのは十分に可能です。そうなれば、１０００人に１人の人材から１万人に１人（$\frac{1}{10}\times\frac{1}{10}\times\frac{1}{100}=\frac{1}{10000}$）の人材に価値がアップすることになります。いずれにしても、スキルの数が増

図表3-8　1000人に1人の人物になるプロセス

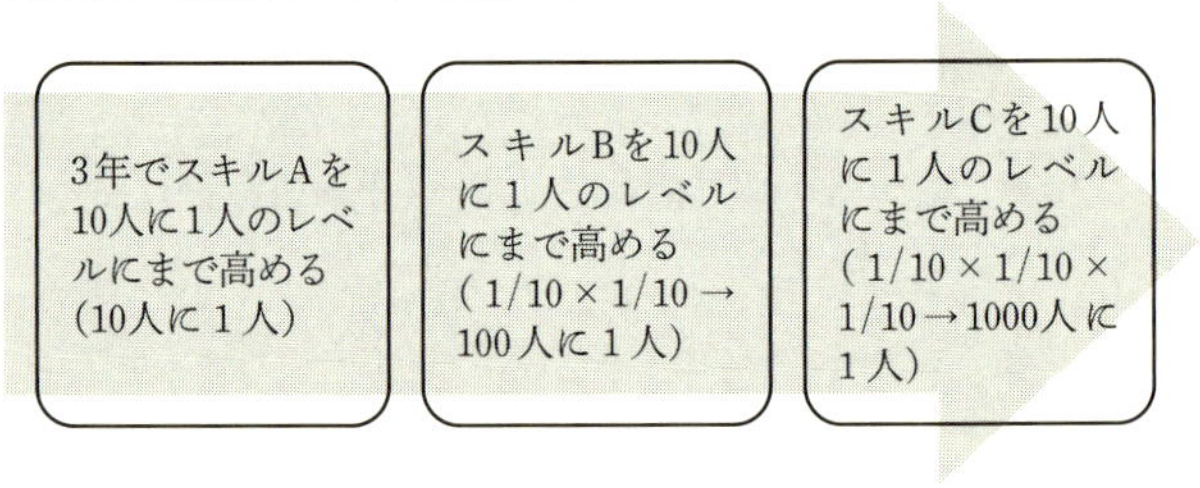
3年でスキルAを10人に1人のレベルにまで高める(10人に1人)
スキルBを10人に1人のレベルにまで高める(1/10×1/10→100人に1人)
スキルCを10人に1人のレベルにまで高める(1/10×1/10×1/10→1000人に1人)

えるほど、人材としての希少性が高まっていくのは間違いありません。その結果として、個人の働き方の選択肢が群を抜いて増えていくのに加えて、生き方の自由度が桁外れに広がっていくことになるでしょう【図表3－8】。

## 筆者の実体験から申し上げると…

個人の価値が専門性やスキルの足し算ではなく、掛け算で高まっていくという事例として、私の実体験から申し上げると、私は経営アドバイザーとして数々の大手企業でアドバイスをしてきた一方、経済アナリストとして多くのメディア媒体で分析を取り上げられてきました。企業活動と経済動向は複雑に絡み合っているので、ふたつの分野を切り離して考えるのは現実的に不可能であるという考えを持っているからです。経営アドバイザーと名乗っているのは、経済アナリストとしての知見が入っているので、世間一般でいわれる経営コンサルタントとは明確に違うという意識が働いているためです。

本来であれば、経営コンサルタントと経済アナリストの間には職種の垣根があり、その仕事の内容には明確に棲み分けがなされています。経営コンサルタントの仕事とは、企業などの経営についてアドバイスをする専門職であるのに対して、経済アナリストの主たる仕事とは、メディアやシンクタンクなどで自らの経済分析を述べることを生業としているからです。

しかしながら、私はもともと「経営と経済は一体である」はずだと、この仕事を始める前から確信に近いものを持っていました。ですから、経営アドバイザーとして企業にアドバイスをする時には、経済アナリストとしてのスキルと合わせてアドバイスをするようにしていますし、経済アナリストとして経済の実態を分析する時には、企業経営の現場の視点を分析に取り入れるようにしています。

今のグローバル経済は、デジタル経済が追い打ちをかけることによって、経済やビジネスのサイクルが非常に短くなり、変化が激しくなってきています。20世紀には20〜30年かけて起きていた大きなビジネスの変化が、昨今では5年くらいの間隔で起こってしまっているのです。

そのような環境のもとでは、「経営」や「経済」といった狭いジャンルの専門性だけで物事を考えるのではなく、それぞれのジャンルの専門性を組み合わせたうえで、総合的に判断する力を身に付けていく重要性が増していると思っています。

おそらく、経営アドバイザーと経済アナリストのふたつの仕事を融合させているのは、私の他の専門家とは差別化された強みのひとつではないかと自己分析をしています。その帰結として、ビジネスにおいても経済においても、精度の高い助言と分析が可能となっていくというわけです。

幸いなことに、経営アドバイザーとしては、世界的に事業を展開している巨大企業や誰もが名前を知っている国内大手企業からご依頼をいただいてきましたし（多くの場合、秘密保持契約があるので企業名は言えませんが）、経済アナリストとしては、メディアなどからありがたい評価をいただき、お引き受けできないほどの連載や書籍のご依頼をいただいております。

今でこそご存知の方が多くなってきましたが、経営アドバイザーや経済アナリストという仕事の内容から判断して、私が大学では経営学や経済学を専攻していたという先入観を持っている方が未だにいるようです。そういうわけで、実は歴史学を専攻していたと申し上げますと、「どこで経営や経済の勉強をしたのか？」「どうしてそのような発想やアイデアが浮かぶのか？」と質問をされることもかつては珍しくはありませんでした。

私が経営や経済に深くかかわる仕事を今でも順調にこなすことができているのは、歴史学的なアプローチを中心として、さまざまな学問の知識も組み合わせながら、考えを導き出しているからだと考えています。ひょっとしたら自惚れた分析ではないかと捉えられてしまうかもしれませんが、一見すると関係のない複数の専門性やスキルが相乗効果を導き出し、頭のなかで融合や化学反応が起こっているのだろうと確信しています。

人間がＡＩに仕事を奪われない強みは、まさにそこにあるのではないかと思っている次第です。

# 第４章　人材育成の仕組みを再構築する

## 問われる大学の存在価値

１９６０〜７０年代の高度経済成長期では、企業の社員に対する人材育成の役割がことのほか大きかったといえます。毎年春に新人をまとめて採用し、研修や現場を通して従順な社員を育てあげ、長時間労働は会社への貢献度として評価されてきました。１９９０年代にバブル経済が崩壊した後も、それ以前の成功体験を引きずりながら新卒一括採用を続けてきたのは、企業が人材育成の面では大学にほとんど期待してこなかったからです。

ところが、経済のグローバル化に続いてデジタル化の波が押し寄せているなかで、企業は新卒一括採用を見直し、通年採用を拡大しようとしています。その流れと並行して、定年の延長が着々と進み、即戦力を求める中途採用がメジャーな採用になっていく見通しにあります。すなわち、新卒一括採用の重みが徐々になくなっていき、国公立か私立かにかかわらず、大学の役割と存在意義が問われる時代が到来するということなのです。

目下のところ、企業は大学の教育に期待するようになっている一方、大学は企業の欲する人材を供給するために新たな取り組みを模索しています。大学と経団連の双方は通年採用の拡大を進めていくなかで、学生の学業での成果を重視するという方針を掲げています。卒業論文の内容を含め、学位の取得にいたる全体の成果を採用試験の評価基準にするというのです。学生は大学で何を真剣に学んだのか、そこがいちばん問われることになりそうです。

大学も企業と同様、これまでの延長線で経営をしていたら優秀な人材を育成することができず、日本の経済・社会から必要ないと見なされます。グローバルに展開する日本企業が増えつつある昨今、日本企業の採用においても、外国人（留学生を含む）の採用数は着々と伸びてきています。ビジネスのデジタル化が浸透していく過程では、外国人の採用はますます増えていくでしょう。それは、日本人の採用数が以前よりも少なくなることを意味しています。

当然のことながら、大学の新卒者の採用数も少なくなっていく事態は避けられません。少子化により新卒者の絶対数が少ないから就職に有利だといえるのは、あと5～10年のうちのことです。このような傾向が続くと、優秀な学生を集められない大学は存在する価値を失い、なかには今の有名私立大学でも経営が不安定になるところが出てきます。新しい時代の要請に柔軟に応えられる大学でなければ、生き残っていくのが難しい時代となるのです。

第2章で少し紹介しましたが、私大トップクラスの早稲田大学でさえ、学生の質を一段と向上させるために、学部生の2割減、常勤教員の2割増という目標を2032年度までに達成しようとしています。科目のコマ数や授業の規模を縮小する傍ら、対話型や問題発見・解決型の授業の比率や、外国語による授業の割合を高めていくというのがその目論見です。その他、授業の公開率を上昇させ、留学生数を5800人(2018年)から1万人に、社会人教育の受講者数も5万人(同)から8万人に大幅に拡充する予定です。収入源を確保しつつ、学生の質の向上をはかるためには、背に腹は代えられないということなのでしょう【図表4－1】。

早大に限らず、トップクラスの大学では優秀な学生を育てるために、それぞれの教育体制の改革を進めているところです。ただでさえ少子化によって将来の学生数が減少し続けるなか、優秀な学生の数を増やすためには、学生の質の底上げが必要不可欠になるからです。このような流れを見ていると、勉学に一生懸命励んでいる学生でな

**図表4-1　早稲田大学の改革の内容**

| | | 2012年度実績 | 2018年度実績 | 2032年度目標 |
|---|---|---|---|---|
| 学部生 | | 43,974人 | 39,704人 | 35,000人 |
| 大学院生 | | 9,357人 | 8,331人 | 15,000人 |
| 社会人教育 | | 34,944人 | 50,347人 | 80,000人 |
| 常勤教員 | | 1,679人 | 1,839人 | 2,000人 |
| 外国人学生 | | 4,331人 | 5,783人 | 10,000人 |
| 海外派遣留学生 | | 2,541人 | 4,629人 | 全学生 |
| 外国人教員 | | 147人 | 220人 | 400人 |
| 授業の公開率 | | 0.3% | 14.7% | 100% |
| 授業規模 | 20人以下 | 学部 43%<br>大学院 84% | 学部 56%<br>大学院 88% | 学部 50%<br>大学院 80% |
| | 50人以下 | 学部 81%<br>大学院 98% | 学部 85%<br>大学院 98% | 学部 85%<br>大学院 95% |
| | 51人以上 | 学部 19%<br>大学院 2% | 学部 15%<br>大学院 2% | 学部 15%<br>大学院 5% |
| 対話型、問題発見・解決型の授業比率 | | 学部 29%<br>大学院 55% | 学部 27%<br>大学院 51% | 学部 75%<br>大学院 80% |
| 外国語による授業の割合 | | 学部 6%<br>大学院 9% | 学部 12.3%<br>大学院 20.5% | 学部 50%<br>大学院 50% |
| 科目コマ数 | 学部 | 20,258 | 19,506 | 15,194 |
| | 大学院 | 12,472 | 7,098 | 6,183 |

出典）早稲田大学

ければ、グローバルに展開している企業や、有望なベンチャー企業・スタートアップ企業への就職は極めて難しくなるのは火を見るよりも明らかです。

## 国際教養大学をお手本にした長野県立大学

日本の大学の最大の問題点は、学生が入学するためには必死で勉強するが、入学後はあまり勉強しなくても卒業できてしまう点です。そこで日本の大学を改革するために必要最低条件となるのは、卒業要件を厳格化し、勉学に励む学生しか卒業できない仕組みに改めるということです。大学が卒業生に対して専門性に相応しい知識や思考力を担保できなければ、日本の経済・社会の発展に貢献することなど、できるはずがないからです。

日本でもっともその模範となるケースは、秋田県の国際教養大学です。同大は学問にひたすら打ちこまないと容易に卒業ができないカリキュラムを採用していることで知られています。授業はすべて英語で行われており、卒業要件には海外留学も含まれています。これまで優秀な卒業生を送り出しているためか、大手企業がこぞって東京から秋田までわざわざ採用活動に訪れているといいます。

その国際教養大学をお手本にした大学が、2018年4月に新たに開学した長野県立大学です。長野県の阿部守一知事も日本の大学は簡単に卒業できてしまうという問題意識を抱いていて、地域に魅力ある大学をつくりたいとずっと思っていたということです。少子化が進んでいるのにいまさら大学をつくる必要があるのかという反対論が強かったものの、なんとか開学までこぎつけることができたと熱く語っていました。

長野に大学をつくりたかった大きな理由は、これからの地域には「グローバルな視点を持ってイノベーションを起こせる人材を育成する大学が不可欠」という危機意識が強かったからだといいます。要するに、地域が発展するためには、地域からイノベーションを起こせる社会にしなければならないので、知の拠点となる大学と地域の経済発展というのは、これまでとは比べものにならないほど密接に関わっていくだろうと見ているということです。

長野県立大学の決まりごととして、1年生は全員が寮生活を送ることになっています。「近隣に住んでいても寮に入らなければならないのか」といった疑問の声もあったといいますが、勉学に勤しむ習慣をしっかりと身に付けるためにも、1年生には正しく集団生活を学ばせたいというのです。そのうえ、2年生は全員、海外への短期留学に行かせるということです。優秀な人材を育てられない大学は淘汰されていく運命にあるなかで、長野県立大学のように国際教養大学を見習う大学がこれからも増えていくのは必至でしょう。

将来のビジョンを明確に持っているモチベーションが高い学生にとっては、卒業するのが難しい大学ほど、自らの価値を高める格好の学びの場となります。大学の存在価値は遅くとも2030年代には、日本の社会や企業が欲する人材を社会にどれだけ送り出すことができたかというデータに表れてくることになるでしょう。経済誌が掲載している「本当に就職に強い大学ランキング」や「卒業生の年収が高い大学ランキング」といった上位の顔ぶれは、その頃、大きく様変わりしているかもしれません。

## スマホの利用時間と読書の時間の関係

アメリカの大学の学生が勉学に励む姿勢には感心させられます。授業を受けるための予習としての読書量は目を見張るほど多く、在学時の4年間で平均して400冊ほどの本を読むというのです。さらに驚くべきことに、マサチューセッツ工科大学やスタンフォード大学、ハーバード大学のような超一流大学の学生になると、4年間の平均で1000冊もの本を読むのが普通なのだそうです。

アメリカの超一流とはいわないまでも一流といわれる大学では、学生は夢中になって勉学に勤しまなければ、卒業することはおろか、進級することすらできません。授業の前に読まなければならない課題図書には、内容が難解なものも少なくなく、とても流し読みで理解できるものではありません。学生は毎日のように集中力を発揮して、本と格闘しているといっても過言ではないでしょう。

アメリカの大学の学生と比べて、日本の大学の学生はどのくらい本を読んでいるのでしょうか。実をいえば、日本の学生は4年間の平均で、わずか40冊しか本を読んでいないということです。勉学が本分の学生にしては、残念なほどに少ないといわざるをえません。アメリカの平均的な学生のたった10分の1の読書量では、知識や教養の量、考える力に天と地ほどの差がついてしまうのもやむをえないのかもしれません。

毎年実施されている全国大学生活協同組合連合会の学生生活実態調査によれば、学生の読書時間が年々減少している傾向が明らかになっています。最新の2018年の調査では1日あたりの読書時間は平均で30分と、2017年の23・6分から5年ぶりに増加したものの、いかにも心もとない状況であることに変わりはありません。おまけに、1日の読書時間がゼロという学生が48％と、2017年の53・1％より減少しましたが、およそ半数が読書の習慣がないことにも変わりはありません。

東京都心で電車に乗っているとわかると思いますが、大学へ向かう電車内で見かける大勢の学生のなかで、読書をしている学生は今や少なくなり、スマートフォンを見ている学生が圧倒的に多いという光景が当たり前になっています。私は電車に乗っている時間を無駄にしたくはないので、読書に充てて有効に使うべきであると考えるのですが、今日の学生でそう考えるのは少数派のようです。

昨今の日本の学生は、本を読まなければならない時間に、スマートフォンに熱中しているようです。かつては読書に充てられていた時間が、スマートフォンを通してSNSやゲームに興じたり、ウェブサイトを閲覧したりする時間に奪われてしまっています。前出の2017年の調査（2018年は調査なし）によれば、学生の1日あたりのスマートフォンの利用時間は平均で177・3分、実に3時間近くにも及んでいるというのです。

## 行きすぎたゲームの隆盛

もっとも、このような状況は学生に限ったことではありません。社会人全体でも同じようなことが起こっています。つい今しがた、私が電車に乗った時に目にする光景を述べたように、電車のなかで本や新聞を読んでいる人が非常に少なくなりました。ほとんどの人がスマートフォンに没頭しているのです。そういった人々がプライベートの時間に読書に精を出しているとは、とても想像することができません。

はっきりした統計データを第5章（181〜183ページ、図表5-1〜4）で示しているように、こうした光景を見るたびに考えるのは、日本人が読書にかける時間は確実に減少傾向にあるということです。とくに近年の高機能化したスマートフォンの普及によって、その減少傾向には拍車がかかっているのは間違いないでしょう。というのも、日本人の3人に2人がＬＩＮＥを、4人に1人がインスタグラムを、5人に1人がフェイスブックを利用しているからです。若い世代を中心にして、暇さえあればこれらのサービスに没頭するという社会現象が起こっているのです。

それに加えて、スマートフォン上のゲームの利用者が急増していることも、読書時間の減少と因果関係があるようです。たとえば、大ヒット作「パズル＆ドラゴンズ（通称パズドラ）」は2012年の誕生以来、国内だけでおよそ5200万ダウンロードされたほか、2013年配信開始の「モンスターストライク（通称モンスト）」の利用者数が国内4200万人を突破したとされています。テレビでもスマートフォンゲームのコマーシャルがやたらと多いのは、それだけ需要が多いことの表れであるといえます。大げさな言い方だと思うかもしれませんが、行きすぎたゲームの隆盛は日本の将来にとっては非常に憂慮すべき事態であるというわけです。

## アメリカの大学の問題点

この先のデジタル社会で求められているのは、専門性が高い知識やスキルであることに異論を差し挟む余地はありません。しかしながら私の確信に近い持論では、専門性が高い知識やスキルを裏打ちしているのは、専門に偏らない幅広い知識とそれに基づいて鍛えられた思考力であるということです。読書をおろそかにしていては、必要とされる幅広い知識も思考力も身に付くことはありません。そういった意味では、日本の大学はアメリカの大学のカリキュラム（学生の育て方）を大いに見習うべきでしょう。

ただし、私はアメリカの大学のすべてが正しいとは思っていません。アメリカの大学に改めてほしい点はいくつかありますが、もっとも改めてほしいのは、アメリカ人

**図表4-2　アメリカの学費の推移と1世帯あたりの収入**

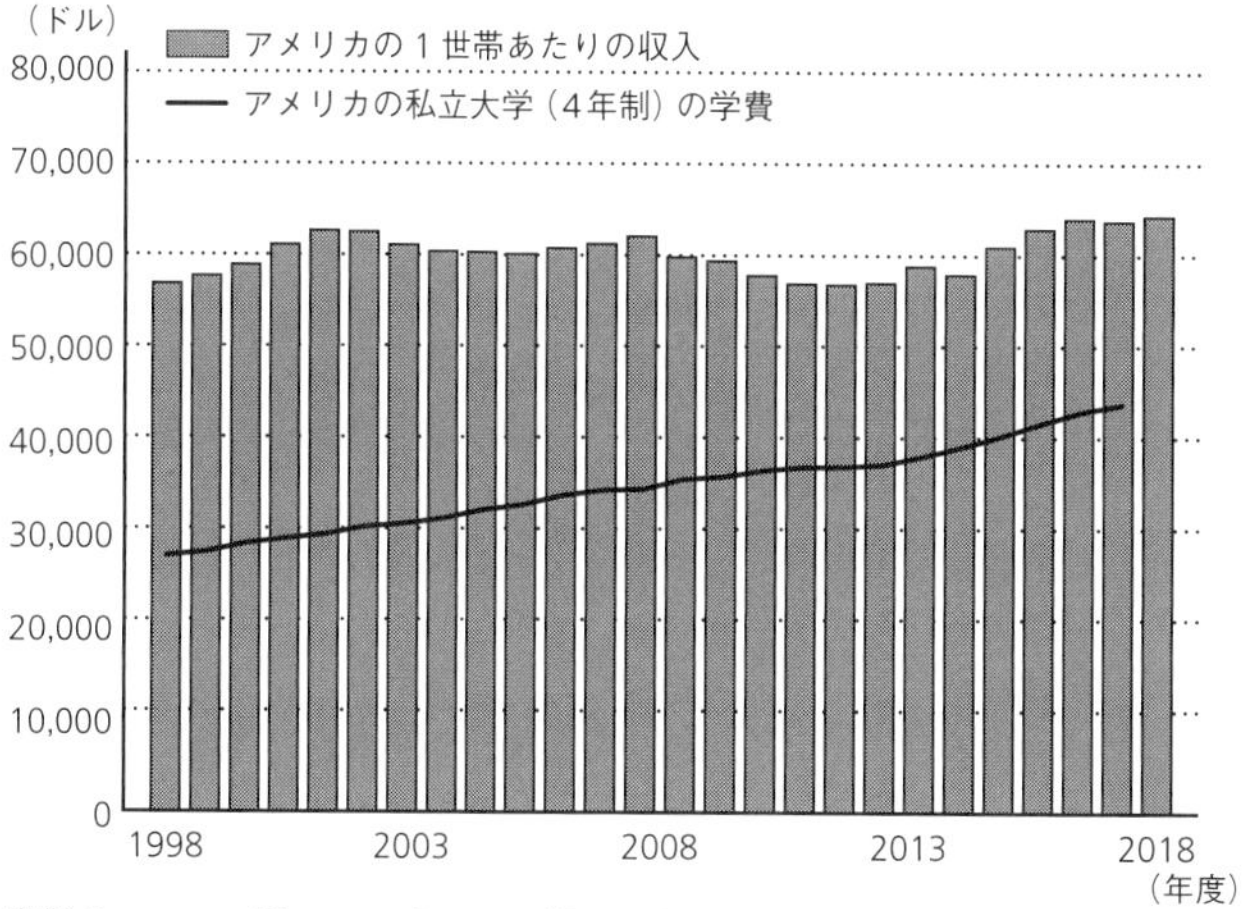


出典）Department of Commerce, Income and Poverty in the United States: 2018

の一般家庭から一流大学に入学できる可能性がごくわずかしかないということです。アメリカの有名私立大学の学生数を見ても、所得が上位1％の富裕な家庭の入学者のほうが、下位60％の家庭の入学者より多いという厳しい現実があるというのです。

現実に、アメリカでは昨今、大学の学費の高騰が社会問題として注目されています【図表4－2】。私立大学の年間学費は過去20年で平均して6割も上昇し、3万5000ドル（1ドル＝108円換算で378万円）を超えてきています。学生の生活費を含めると年間の負担額は5万ドル（同540万円）にも達するといわれています。アメリカの2018年の1世帯あたりの所得（中央値）が6万3179ドル（同682万円）であることを考えると、学生が多額の奨学金を借り入れない限り、一般の家庭ではとても負担できる額ではありません。

日本でも親の収入格差が子どもの学力格差に直結しているという問題がありますが、優秀な子どものなかにも経済的な事情で勉学や進学をあきらめてしまうというケースが少なからずあるのは、非常に残念でもったいないことであると思っています。経済格差に左右されない本物の能力主義に忠実な社会、日本にはそういう社会になってほしいと切に願っています。

## 入社後3年以内の離職率が高止まりしているわけ

日本の大学がどう変わればいいのかを申し上げる前に、学校の現場では大学に入る前のキャリア教育が皆無であるという問題点について、その解決の方法を考えなければなりません。現在の小学校から高校までのカリキュラムでは、児童や生徒は自分がどのような仕事に向いているのか、考えさせられる機会がまったくといっていいほど与えられていないからです。私の経験からも、高校の時は大学に入るのが大きな目標でしたし、大学に入学後も自分が本当に何をしたいのか、よくわかっていませんでした。

この本をご覧になっている多くの人々が私と同じような経験をしているとは思いますが、今の先生方はとにかく忙しく、キャリア教育にまで手が及ぶ状況にありません。保護者対応や事務作業、部活だけでなく、新教科（英語・道徳）やプログラミング必修化への対応にも追われ、児童や生徒の将来の方向性について一緒に話し合ったり考えたりする余裕がないことは大きな問題です。

しかしながら、これからのデジタル化の時代では、しっかりとしたキャリア教育の体系を確立していく必要があり、そのためにも、初等教育（小学校）から中等教育（中学校・高校）の受け持つ役割は、決して軽視できるものではありません。自分が何に興味があるのか、自分が何に向いているのか、児童や生徒は教師とコミュニケーションを取りながら、自らも自問自答する機会を与えられる教育が求められているように思います。個人個人がそういった過程を経ながら、中学生か高校生のうちに得意分野や適性を伸ばす教育に変えていかなければ、大学生になって自分が本当に何をしたいのかと考えても、なかなか答えは見つからないでしょう。

通常であれば中学生から、遅くとも高校生から、生徒が自分で自分のキャリアについて夢を持って考える機会を育んでいく必要があります。教育の現場がそのような機会を与えてこなかったからこそ、過去30年間にわたって大卒の新入社員は入社後3年以内に離職する割合が3割程度で高止まりしているともいえるのです。企業と学生の不幸なミスマッチを減らすようにするためにも、学生が大学を卒業する時に「自分はこういう仕事がしたいから、大学でこの専門を選んで勉強をしてきたのだ」と言えるような教育にしてほしいと思っています。

## 大学をどう変えるか

それでは、日本の大学はどのように変わっていけばいいのでしょうか。学生が真剣に勉学に励むことができる環境づくりをするのは当然のこととして、いくつかの古い体質や慣習などを改めていくことが欠かせないでしょう。

第1に挙げたいのは、縦割りで閉鎖的な組織を変えていかねばならないということです。大学のカリキュラムは基本的に学部ごとの縦割りになっていて、一部を除き、学部をまたいだ横の連携が皆無に等しいので、高度な人材を育成するための大きな障壁になってしまっているのです。たとえば、日本の大学がＡＩ人材の育成で遅れを取っているのは、理学部（主に自然現象を理論的に解明することを学ぶ）や工学部（主にモノづくりの専門的な知識や技術を学ぶ）といった昔からの学部編成に分かれていて、数学と情報工学など複数の分野を学べる環境が未だ十分に整っていないからです。学部や学科をまたいで相乗効果が見込める共同授業を提供するなど、有為な人材を育てるという目線に立たなければならないでしょう。

第2に挙げたいのは、閉塞的な教員の採用方法を変えていかねばならないということです。現行の大学の教員採用のシステムにおいては、教授は優秀だと思う教え子を自分の研究室に抱え込み、下働きをさせた後に教員として採用するというスタイルが未だ根強く残っています。企業が多様性を持つ人材を欲しているのに対して、大学の教員には多様性が入り込む隙間がほとんどないというわけです。

多様な人材を揃えるためにも、たとえば博士課程への進学に際しては他の大学院に出ることを原則とする一方、外部から研究者を広く受け入れるなど、よりいっそうの流動性をはかる必要があります。同じ国籍や性別のチームでつくりあげたＡＩは、判断の偏りが顕著になって精度が落ちてしまうことから、多様なメンバーで開発することが重要とされているＡＩの例を見ても、多様性の重要性は明らかです。

**図表4-3　大学の改革に必要な視点**

| | |
|---|---|
| ① | 人材を育てるために、育成の場を縦割り型から横断型へ変え、学科や学部をまたぎ、相乗効果が見込める共同授業を提供する |
| ② | 大学の教員の採用は開放的にし、多様な人材を採用するために、外部からの人材を受け入れる |
| ③ | 優秀な人材を発掘するために、世界や社会の変化に順応して、各々の専門性に不可欠な能力は何かを常に問い直す |
| ④ | 全国の大学や企業と協力・提携を深め、共同研究や人材交流により、競争力向上やイノベーションに直結する成果を出す |

第3に、優秀な人材を発掘する方法を改めなければならないということです。先に挙げたふたつの問題点を考慮すると、大学は本当にすぐれた才能を見つけ出すことができているのか、大いに疑問を感じています。各々の大学は試験内容の変更などで試行錯誤はしているのでしょうが、結局のところ教員が今まで実践してきた才能の選び方に固執してしまっています。各々の専門性に真に不可欠な能力は何かということを、世界や社会の変化に順応して常に問い直していかねばならないのです。教員の採用を外部から増やし、授業や研究で多様性が広がっていけば、優秀な人材を掘り起こせる可能性が高まると考えられます。

第4に、研究や人材育成において、全国の大学や企業といっそうの協力・提携を深めながら、オープンイノベーションを推進していくということです。昨今の大学は運営資金の減少から研究資金も不足がちであり、既成の枠組みにとらわれない研究をしようとしたら、とてもひとつの大学では研究を続けるのが難しくなってきているからです。そうであるからこそ、高いレベルの研究ができる仲間づくりが重要な意味合いを持っているのです。大学と大学、あるいは大学と企業の共同研究や人材交流がますます増えていけば、大学と大学、あるいは大学と企業の双方の競争力向上やイノベーションに直結する成果が出てくる可能性が高まっていくはずです【図表4－3】。

## オープンイノベーションの成功例

その代表的な成功例といえるのが、2019年に内閣府が主催した「第1回 日本オープンイノベーション大賞」で内閣総理大臣賞を受賞した、青森県の弘前大学のプロジェクトです。日本一平均寿命が短い青森県において、住民健診から得られた2000項目の健康ビッグデータを分析し、約50種類の疾患・病態の発症予測モデルや、健康の維持や予防に効果的な製品やサービスを開発したというのです。このプロジェクトの特徴は、他の国立大学や大企業、地元企業、自治体、医師会など50以上の組織が協力・提携していることであり、文字通りのオープンイノベーション体制を構築しているというわけです。

弘前大学のプロジェクトが高い評価を受けているのは、日本一の短命県という汚名を返上する目的のために、青森県民の健康への意識を高めたことに加えて、実際に疾患の予兆を発見し、生活習慣病や認知症の予防に効果を上げているというところです。推計での経済効果は242億円、雇用創出効果は1812人、医療費抑制効果は527億円を見込んでいますが、やはり弘前大学が地域の健康増進プラットフォームとして機能しているのが大きな付加価値になっているように思われます。

これからの大学に期待したいのは、弊害となっている古い体質や慣習を打ち壊して、縦割り型から横断型への組織へ、閉塞型から開放型への教員採用へ、前例踏襲型から前例打破型の人材発掘へ、自前型から開放型への研究へと変わっていってほしいということです。それらすべての変化が優秀な人材を育てることにつながっていき、結局のところ、それが経済や社会に貢献する道に関係していくということを、すべての大学の関係者がもっと意識しなければならないのではないでしょうか。

## 少なすぎるAI人材とAI教員

ここまで展開してきたような持論を申し上げると、大学関係者の一部からは「大学は就職予備校ではない」という反対の意見が出てくることも承知しています。それでも私は、ＩＴとＡＩの進化によってビジネスの土台が大きく転換しつつある現状では、企業から高い給与を出したいと言ってもらえる学生を育てるという教育目標があってもしかるべきだと思っています。将来をしっかり見通している大学では、専門性の高い人材が供給できない大学は破綻してもおかしくないという危機感があるのは間違いありません。

専門性の高いデジタル人材を育てるという目的で、滋賀大学は２０１７年に国内で初めてデータサイエンス学部を立ち上げています。これに続いて、２０１８年には横浜市立大学がデータサイエンス学部を、広島大学が情報科学部を設立しています。２０１９年には武蔵野大学がデータサイエンス学部を、埼玉工業大学は工学部情報システム学科にＩＴ専攻を新設しています。データサイエンス学部への志望者数が増加している滋賀大学では、２０１９年から新たに大学院の修士課程を、２０２０年から博士後期課程を設けるまでになっています。

これから先は、情報をいかに活用できるかが社会で重視されていくので、２０２０

年以降も長崎大学をはじめ、同様の学部や学科を設立する大学が増えてくる傾向が強まりつつあります。また、日本の大学ではこれまで、データサイエンスやＡＩに関する教育は工学部の学生向けが中心だったのですが、これからは専門の学部・学科や工学部にかぎらず、すべての学部の教養課程で必修科目として取り扱われていくことが予想されます。

それでも依然として、アメリカや中国、インドなどと比べて、日本のＡＩ人材育成の遅れが深刻であるのは、何ら変わりがありません。経済産業省の試算によれば、２０２０年末には日本の企業内でＡＩ人材が４万４０００人不足するといわれています。ＡＩ人材の育成を急務とする政府は、新しい時代の基礎知識として文系・理系にかかわらず、すべての大学生にデータサイエンス関連の基本的な素養が身に付けられるように、その環境づくりを進めていくということです【図表４－４】。

ところが、そのボトルネックになっているのは、ＡＩ人材教育を担う教員の数がまったく足りていないということです。多くの大学で教員不足が深刻なのは、ただでさえ教員の絶対数が少ないというなかで、大学や研究機関に残らずに給与が高い民間企業へ就職してしまう専門家が増加傾向にあるからです。厚生労働省の２０１８年の賃

**図表4-4　日本のAI人材と不足数**

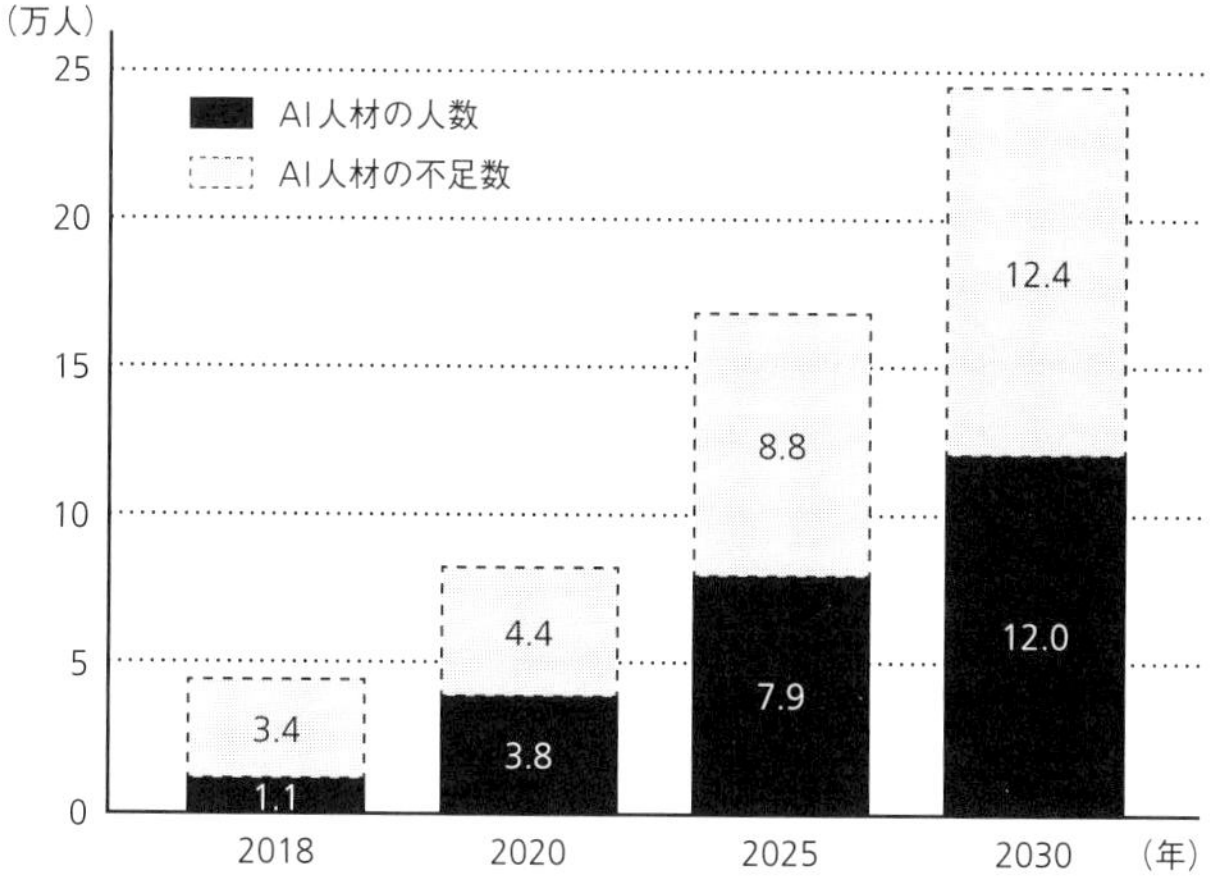


出典）経済産業省「IT人材需給に関する調査」

金構造基本統計調査によれば、日本の大学教授の平均年収は１０８１万円、准教授で８６７万円、講師で７１９万円と民間企業と比べて低く、大手企業に勤めれば少なくとも１５００万円超の年収が堅いので、准教授や講師の立場では大学に残るＡＩ人材は限られてしまうという実情があるのです。

　そういった状況下において、データサイエンスなど専門の学部・学科を新設する大学のなかには、海外から教員をリクルートする動きを活発化させているようです。中国やインドなどで教員となる人材を探してきて、全体の半数を外国人教員にする考えを持っている大学もあるといいます。今のうちは外国人の採用によって何とか凌ぐことができる大学もあるかもしれませんが、大学で専門の教員が足りないのは日本だけではありません。先進国でもっとも足りないといわれる日本ほどではないにしても、アメリカもイギリスもフランスもＡＩ人材は慢性的に不足している状況にあるのです。

このままでは数年後に、世界的なＡＩ人材の争奪戦によって、教員になる人材は枯渇してしまいます。私はＡＩ人材の育成に関わる教員には、国家の命運を握るプロジェクトの一環として強いインセンティブを与えるべきだと考えています。教員として何人のＡＩ人材を育てたのか、教えた人材はどういった活躍をしているのか、教えた人材が日本の経済・社会にどれだけ貢献したのか、これらのデータを指数化して教員の報酬が決定する制度をつくったらどうでしょうか。20年後にはカリスマＡＩ教員と呼ばれ、年収が1億円を超える教員が生まれていても、それは人材育成の好循環が働いているので好ましいことだと思います。

いずれにしても、企業がＡＩ人材を自前で育成するためには、大学の協力が必要不可欠になります。近年の画期的な事例を紹介すると、世界的な空調機器メーカーであるダイキン工業は、先述したようにＡＩ活用を推進する中核的な人材を育成する社内講座「ダイキン情報技術大学」を開講し、２０１７年から大阪大学の教授が選抜された同社社員に対して９ヵ月間のプログラムを教え込んでいます。２０１８年の時点で同社のＡＩ人材は１００名程度だったということですが、２０２０年までに７００名程度に増やしていく予定だといいます。このような大学と企業の協力が、広範に拡大していくことが望まれるところです。

## リカレント教育の活用と就職氷河期世代

大学はリカレント教育の普及を担う中核的な存在にもなりえます。第3章でも述べたように、リカレント教育とは、義務教育や高等教育を終えて就職した後でも、大学や大学院などに通って学び直しをする教育システムのことをいいます。現状では転職によって給与が減る人のほうがかなり多く、前職より良い条件で転職をするためには、働きながら新しいスキルを身に付ける必要があります。ひとりひとりの給与を底上げできるように、社会人が積極的に学び直しをできるような政策的な支援が求められています。

40代でも50代でも60代でも、学び直しをするのに決して遅すぎるということはありません。企業の寿命やビジネスの周期性が短くなっている時代に、長く働き続けるスキルを身に付けるには、学び直しのプロセスは有効な手段のひとつになるからです。

とりわけ、いわゆる就職氷河期の世代にとって、リカレント教育の機会を得る意味は非常に大きいといえます。たまたま景気が悪かった時期に希望する就職先に行けず、今でも契約社員やアルバイトに甘んじている人々が多い世代でもあるためです。運がなかったり、人生で1回や2回の失敗をしてレールから外れてしまったりしても、新たにやり直すチャンスは絶対に必要です。

現在、自治体などでは就職氷河期世代を対象とした採用試験を実施したり、ハローワークでも該当する世代に限定した求人がなされたりしていますが、それに加えて、よりリカレント教育が受けやすくなるよう、バックアップ体制の拡充が求められます。新しい雇用のあり方が問われる時代では、学び直しでスキルを身に付けることによって、不遇だった世代から遅咲きの花を咲かせるケースが相次いでいくのではないでしょうか。

しかしながら、すでに指摘したように、日本では学び直しを実践している人の割合は、他の先進国と比較すると少ないといわざるをえません。これから本格的に雇用の流動化が始まる日本において、学び直しの需要は否が応でも高まっていくに違いありません。そういった意味でも、大学のリカレント教育で果たす人材育成の役割は大きいというわけです。

## 人生にとって貴重な一般教養を学ぶ機会

戦後の復興期は日本全体に生活を豊かにしたいという明確な目標があり、教育の場では答えのある問題を早く解くことが求められていました。ところが、今の経済・社会には答えのない難問が山積しています。地球温暖化や海洋汚染、核兵器撲滅、経済格差、少子高齢化といった難問の正解を導き出せる人はいないでしょう。

これからの大学教育に求められているのは、さまざまな問題を抱える世の中の課題を見出し、多様な人々にとっての最適解を導き出すトレーニングをさせることです。そのためには、仮説を立てながら検証や改善を繰り返すことができる思考力が欠かせません。大学の役割というのは、文系から理系まですべての分野の学生に対して、この思考力を鍛える機会を与えることなのです。

そのうえで私は、大学は学生に多方面の教養科目を学ぶ大切さを教える努力を怠ってはいけないと考えています。大学は専門課程に入る前の1～2年生の一般教養課程においてて、学生が知識のフロンティアを広げるためさまざまな学問を学ぶ機会を与えているにもかかわらず、大学と学生の双方がその機会を上手く活かすことができていないからです。

一般教養課程では、哲学、歴史学、宗教学、論理学、心理学などの人文科学系の学問から、法学、政治学、経済学、社会学などの社会科学系の学問、生物学、物理学、化学、数学などの自然科学系の学問まで、幅広い分野の授業が用意されています。それらの学問のなかには、物事を考える際の基礎になっているものがたくさん詰まっています。

しかしながら、昔も今も一般教養課程では、真剣に学ぼうとする学生が少ないことに驚かされます。多くの学生の間では、「専門課程ではないから、適当にやればいい」という考え方が蔓延しているのです。一般教養課程を学ぶ期間は、学生自らの人生でもっとも視野や知見を広げる機会であるにもかかわらず、多くの学生がその重要性をほとんど理解せずに、貴重な時間を浪費してしまっているのは非常に残念でなりません。

たしかに、大学の一般教養の授業はつまらないものが多く、学生が興味を持てないのは学問のおもしろさを伝えられない大学教員のほうに問題があるのかもしれません。その一方で、その授業がおもしろくないと思っても、自分自身で興味を持つ糸口を探そうとしない学生のほうにも問題があるのではないでしょうか。

欧米の大学では一般教養の教育こそが大学の本流であって、専門教育は一種の職業訓練の位置づけとして考えられています。一般教養の教育のほうが重要視されているのは、将来どのような仕事や職務に就くにしても、人文科学、社会科学、自然科学の3分野の知識を幅広く習得するのが不可欠であるという前提に立っているからです。これは、専門課程のほうが一般教養課程よりも重要であると考える日本の大学教育とは大きく異なっています。

## 異分野の融合と英知の結集

ビジネスの周期が速いグローバル化・デジタル化の時代を生き抜いていくには、企業に勤めるひとりひとりが幅広い視野を持って、日々ビジネス上の判断をしていかねばなりませんし、いつも5年後や10年後のビジネスの流れを予測していかねばなりません。もちろん、企業に所属していないフリーランスにも、同じような能力が求められていくのはいうまでもありません。

実績を残している企業のトップと会話をしていてわかるのは、経営や経済に精通しているだけではないということです。彼らの多くは日常においていつも、仕事のジャンルに関係なくいろいろな知識を吸収しようとしています。そのうえで、自らのビジネス観や物事の見方を新しいバージョンへと更新し続けているのです。

彼らがそうしているのは、物事の判断をする際に専門的な知識にのみ頼る危うさを知っているからです。自らが専門性にこだわるあまり、判断を誤る経験をしてしまったり、そのような事例を書物等でたくさん学んだりしているからなのでしょう。あるいは、さまざまな分野の知識を取り入れながら、自ら考え抜いて結論を導くという作業を繰り返していけば、大局的な物事の見方が養われるということが感覚的にわかっているのでしょう。

たしかに、専門分野でその知識をいくらでも深めていくことはできますが、それはややもすれば、一定の物事の見方を強化しているにすぎないという落とし穴に陥ってしまうことがあります。自分の専門分野の立場からばかり物事を考えていては、新しい発想が生まれてくるはずはありませんし、思考の幅や奥行きが広がっていくはずもありません。

そのような意味では、自分が学んだ経験のある分野とはまったく関係がないように思われる分野の知識に、積極的に接するのが有効でしょう。あるいは、自分とは違う立場の人の見解に真剣に耳を傾け、その見解の背景にあるものを探るのもいいでしょう。おもしろくないもの、興味がないもの、反対の立場の意見などに接する試みは、きっと個人の視野を大幅に広げることに役立ちます。

物事を考えるうえで専門分野に基づいた知見が不可欠なのは当たり前ですが、その知見をいっそうすぐれたものにするためには、多面的な角度からその物事を捉えることが大切です。さまざまな知識や情報を吸収し、複雑に絡み合っている因果関係を整理することによって、新しいアイデアやビジネスが生まれてくるのです。

世界や社会に画期的なイノベーションを起こすには、既存の技術にとらわれない新しい考え方や専門領域を超えた異分野の融合が不可欠です。地球温暖化など世界で解決しなければならない問題は多いですが、それらの問題を解決するためにはその道の専門家だけでなく、その他の分野の専門家も協力して英知を結集したほうがよりよい答えが出ると、私は考えています。

## ハイブリッド人材が求められる理由

日本の大学教育は時代の変化に対応していかねばなりません。私が思い描く新しい大学像とは、学部ごとに縦割りになっている体制を改めて、学生が学部を横断できる仕組みを持っているということです。単に学部と学部、文系と理系の講義を並べるだけでは、優秀な人材を数多く輩出するのは難しいとずっと考えてきたからです。

たとえば、今の文系の括りとされる歴史学と経営学の両方に精通する学生がいたら、社会に出て何かおもしろいことをやってくれると思いませんか。文系の経済学と理系の物理学の両方の知識を持つ学生がいたら、世界に向けて何か新しい考え方を提示してくれるとは思いませんか。複数の学問を修める学生を育てるには、複数の学部・学科の教授陣が協力してカリキュラムや授業をつくるなど、学部・学科を越えた横断的な取り組みが欠かせないのです。

今のところ、企業が求める人材は理学部や工学部の需要が強く、文系より理系のほう

**図表4-5　ハイブリッド人材が求められる理由**

| | |
|---|---|
| ① | グローバル化・デジタル化の時代を生き抜いていくためには、幅広い視野を持つ必要がある |
| ② | 物事を判断する際に専門的な知識のみに頼ってしまうと、判断を誤ってしまう可能性がある |
| ③ | 異分野の融合からイノベーションが生まれるという事実から、ハイブリッド系人材が増えることでイノベーションが生まれる可能性が高まる |

が優位な状況がしばらくは続きそうです。しかし私が予想する未来では、文系と理系が融合したハイブリッド系の人材がもっとも重宝がられるようになるのではないかと考えています。スマートフォンや自動運転車のように、イノベーションが異分野の融合から生まれるという事実から判断すれば、ハイブリッド系の人材が増えていけば、イノベーションが生まれる可能性はいっそう高まるはずだからです。

これからの新しい時代では、大学のなかにも文系と理系の両方の要素を併せ持った学部や学科が誕生することを期待しています。文系の感性を持った思考力と理系の論理で構築した思考力が組み合わさることによって、新しいタイプの人材を社会に送り出すことは、大学の存在意義をきっと高めてくれることになるでしょう【図表4－5】。

# 第5章　これからを生きるための最大の武器

## スマートフォンを使うことの代償

今の日本人は若い世代を中心にして、物事を深く考える力が劣化してしまっているのではないかと心配しています。その理由というのは、スマートフォンやタブレットなどのIT機器が急速に普及することによって、私たち自身が日頃から考える機会を奪われてしまっているからです。その結果として、日本人の考える力＝思考力（私の解釈では、考える力＝思考力とは、読解力・論理力・直感力・感性などを包括する能力を意味しています）が弱まっている可能性が高まっているというわけです。

総務省の社会生活基本調査（２０１６年）によれば、仕事や学業以外でスマートフォン・パソコンなどを使用している人の割合は60・１％であり、年齢階級別に見ると20～24歳の89・８％がもっとも高いということです。使用時間別（１週間単位）についても見ると、１～３時間未満が38・３％ともっとも多く、１時間未満が32・１％、３～６時間未満が18・５％と続いています。とりわけ20～24歳では使用時間が長く、６時間以上が25％を超えています【図表５－１】【図表５－２】。

この調査の功績は、これまで直感的にわかっていたことが、数字で明らかになった

**図表5-1　スマートフォンなどの使用割合（2016年、週全体）**

| | 人口 | 使用者数 | 使用割合 |
|---|---|---|---|
| 総数 | 1億1,330万人 | 6,812万人 | 60.1% |
| 10～14歳 | 549万人 | 325万人 | 59.2% |
| 15～19歳 | 601万人 | 523万人 | 87.0% |
| 20～24歳 | 610万人 | 548万人 | 89.8% |
| 25～29歳 | 635万人 | 561万人 | 88.3% |
| 30～34歳 | 720万人 | 626万人 | 86.9% |
| 35～39歳 | 806万人 | 683万人 | 84.7% |
| 40～44歳 | 963万人 | 785万人 | 81.5% |
| 45～49歳 | 921万人 | 707万人 | 76.8% |
| 50～54歳 | 782万人 | 554万人 | 70.8% |
| 55～59歳 | 746万人 | 453万人 | 60.7% |
| 60～64歳 | 801万人 | 366万人 | 45.7% |
| 65～69歳 | 1,007万人 | 345万人 | 34.3% |
| 70～74歳 | 715万人 | 176万人 | 24.6% |
| 75歳以上 | 1,474万人 | 160万人 | 10.9% |

出典）総務省「平成28年社会生活基本調査」

**図表5-2　スマートフォンなどの使用時間構成比（2016年、週全体）**

| | 1時間未満 | 1～3時間 | 3～6時間 | 6～12時間 | 12時間以上 |
|---|---|---|---|---|---|
| 総数 | 32.1% | 38.3% | 18.5% | 7.0% | 2.2% |
| 10～14歳 | 30.2% | 42.9% | 18.2% | 6.0% | 1.3% |
| 15～19歳 | 12.7% | 35.2% | 29.9% | 15.9% | 5.2% |
| 20～24歳 | 9.2% | 30.5% | 33.2% | 18.5% | 7.0% |
| 25～29歳 | 13.7% | 38.8% | 29.1% | 12.4% | 4.4% |
| 30～34歳 | 21.5% | 42.7% | 23.9% | 8.8% | 2.2% |
| 35～39歳 | 28.5% | 44.1% | 18.1% | 5.6% | 2.2% |
| 40～44歳 | 32.6% | 44.0% | 16.6% | 3.9% | 1.5% |
| 45～49歳 | 38.9% | 40.9% | 13.4% | 4.1% | 1.3% |
| 50～54歳 | 45.1% | 38.5% | 10.8% | 2.9% | 0.5% |
| 55～59歳 | 51.6% | 34.2% | 9.0% | 2.6% | 0.8% |
| 60～64歳 | 54.8% | 30.5% | 9.3% | 2.0% | 0.5% |
| 65～69歳 | 53.1% | 31.7% | 9.4% | 2.1% | 0.3% |
| 70～74歳 | 50.9% | 32.3% | 9.4% | 2.4% | 0.2% |
| 75歳以上 | 47.5% | 31.5% | 11.2% | 2.7% | 0.1% |

出典）総務省「平成28年社会生活基本調査」

**図表5-3　スマートフォンなどの使用時間別生活時間（15～19歳男性）**

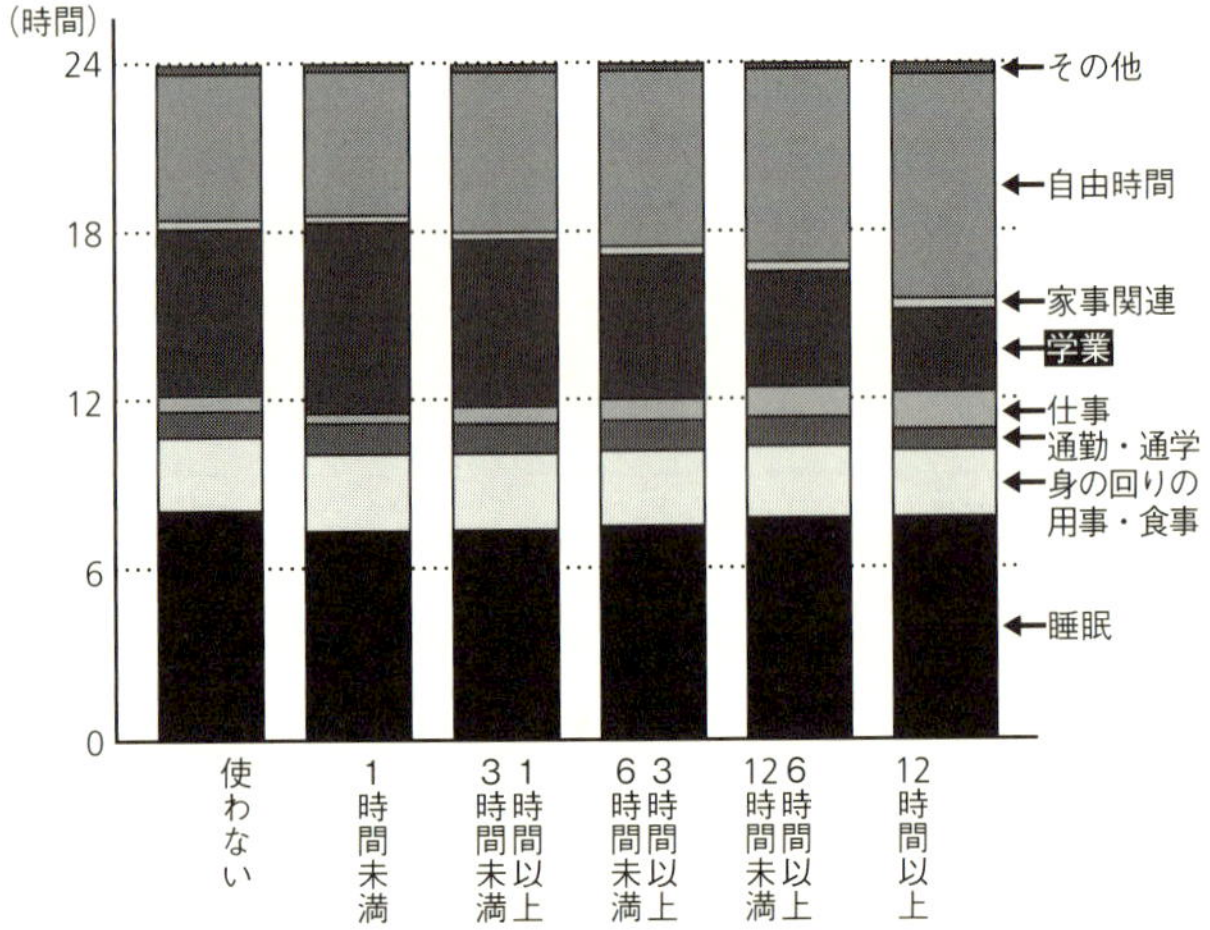


出典）総務省「平成28年社会生活基本調査」

ということです。スマートフォンなどのＩＴ機器を使用する時間が長い人ほど、自由時間の配分が長い一方、仕事や学業に配分する時間が短い傾向が鮮明になっています。とくに15～19歳で使用時間が長い人は学業の時間が短く、25～29歳で長い人は仕事の時間が短くなっているのです【図表5－3】【図表5－4】。

今よりＩＴインフラが整っていなかった２０１６年の時点で、日本人全体の60％が、学生や新社会人の年齢層の90％が、多かれ少なかれインターネットやスマートフォンを利用していました。これからＩｏＴ（モ

図表5-4　スマートフォンなどの使用時間別生活時間（25～29歳男性）

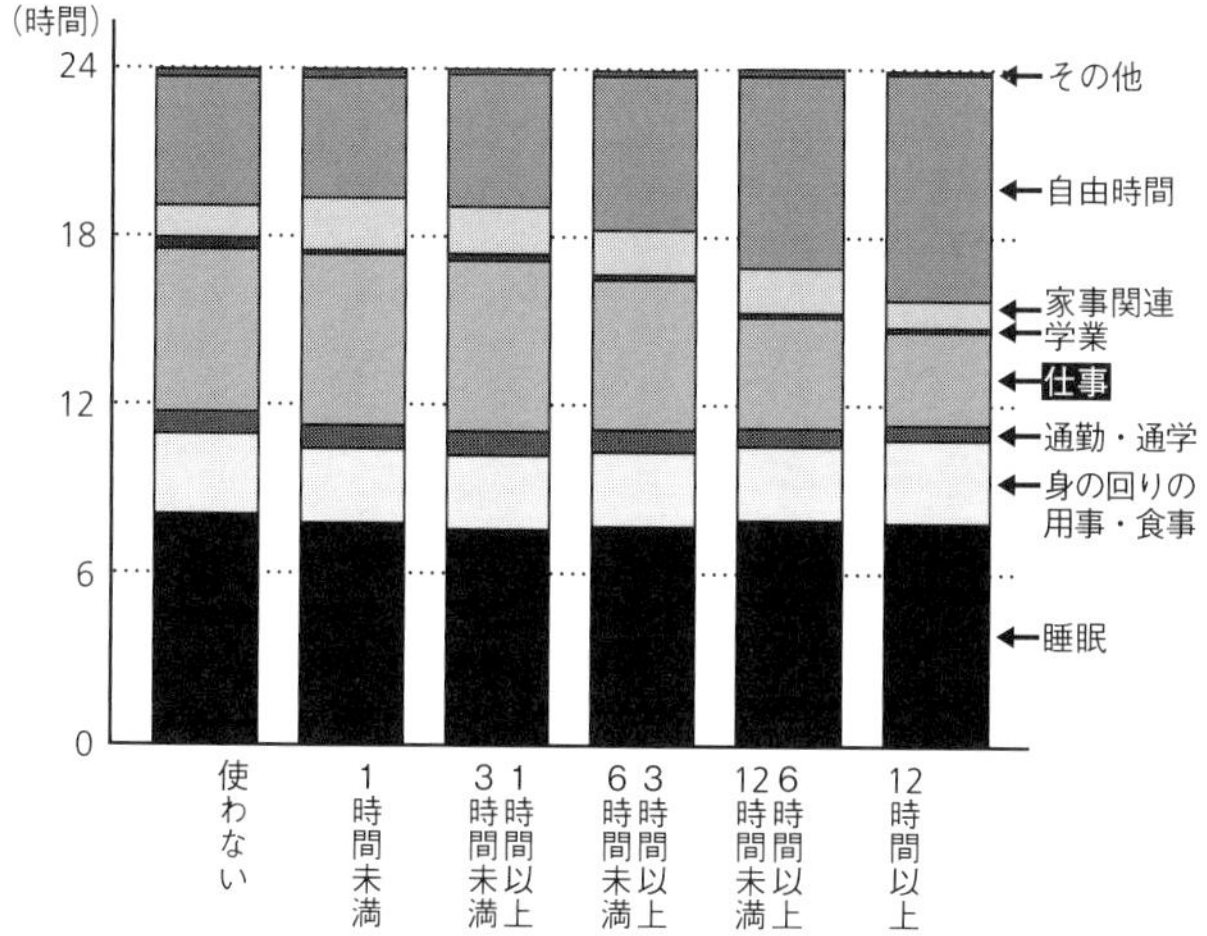


出典）総務省「平成28年社会生活基本調査」

ノのインターネット）技術や5Gが爆発的に拡大していく環境下では、インターネットやスマートフォンを利用する人々の割合はいっそう高まってくることになるでしょう。

　私たちの生活は現在進行形で非常に便利になっているにもかかわらず、私たち自身がその便利さに慣れ親しめば親しむほど、日常生活で考える機会を奪われてしまっているという状況には注意を払ったほうが良さそうです。買い物にしても、調べ物にしても、スマートフォンやパソコンが世界中の知識を持っているので、簡単にその答えを教えてくれるからです。

20年あるいは30年前の大学生は、卒業論文を書くというのはたいへんな作業でした。論文の構成をどうすればいいのか、どういった関連の書籍を読めばいいのか、すべての段取りを自らで考えなければならなかったからです。ところが今では、インターネットで構成から参考図書、書き方まで簡単に調べることができます。今の大学生のなかには卒業論文を書く際に図書館に行かない人もいるといいますから、時代は変わってしまいました。

こういったインターネットが発展した社会では、私たちの興味や行動の幅が狭まってしまうような仕組みづくりがなされています。ネットメディアの売りは、個人個人の関心やニーズに合わせたニュースや情報を集め、自動的に推奨するという機能にあります。たとえば、ネット上のニュースでは、自分が興味のある記事を読んだとすると、その記事の下方には「あわせて読みたい」「関連する記事」「同じジャンルの人気記事」などの項目があり、さらに同じ類の記事へと誘導しようとする仕掛けがつくられています。

そのせいかもしれませんが、多くの人々がスマートフォンなどでニュースを見る場合、関心のある分野の出来事ばかりを探しながら読んでしまう傾向があります。このような機能が効果を発揮すればするほど、視野の狭い人間が量産されていくことになるのは間違いないでしょう。これでは、せっかく吸収できる知識や情報が自分の興味のあるジャンルに偏ってしまい、自らの視野が一向に広がらなくなってしまうというわけです。

## 便利な社会が考える機会を奪う

インターネットだけではありません。目まぐるしい技術の進歩が、日常生活で何気なく考える機会を奪っています。たとえば、私が子どもの頃は、家のお風呂は熱湯と水が出るふたつの蛇口で入れるのが普通でした。お手伝いでお風呂にお湯を入れる時は、見ているテレビ番組がコマーシャルに入る時間を計算して、お湯の出る勢いまで調整して臨んだものです。もちろん、失敗した時のことも考えて、熱湯と水の割合を微妙に調整したりして、子どもながらに工夫もしていました。それが今では、お湯の温度を40度と設定すれば、お好みの水位で自動的に止まるようになっているのです。

友人との待ち合わせ方も一変しました。スマートフォン（あるいは携帯電話）がなかった時代、渋谷のハチ公やモヤイ像の前で待ち合わせ時刻に遅れようものなら会えなくなることもあるので、乗り換え経路を確認しつつ、いかに約束の時間より早く到着して友人に迷惑をかけずに済むか、いろいろ考えながら行動したものです。今は遅刻する時はスマートフォンで連絡すれば難なく事が済んでしまうので、頭のなかでスケジュール調整をする必然性がなくなってきています。

ひと昔前であれば、日常生活のなかに不便さ（当時は誰もが不便とは思っていなかった）のハードルがあらゆる場面で存在し、それを乗り越えるために意識せずとも自然に考える機会が数多くありました。ところが、今の技術は何でもすぐに答えを出してくれるので、私たちは日頃から考える機会を逸してしまっています。ひとつひとつの考える機会は大したことではないかもしれませんが、毎日の生活で考える機会の喪失が積み重なっていけば、想像以上に考える力は衰えていくことになるのではないでしょうか。

ですから、年齢が若ければ若いほど、考える機会を奪われているといってもいいでしょう。物心がついた頃から不便さを知らないデジタルネイティブ世代では、無意識に考える癖がついてないばかりか、興味の範囲が狭いことから、物事を考える視野自体も狭くなっている傾向が強いというのは仕方のないことです。無論、これは若い人々のことだけの話ではなく、すべての日本人が日々の生活で「考える」ということを振り返る良いきっかけになると思っています。

## 絶対に廃れない基本的な能力

過去10年間を振り返ってみると、技術革新はスマートフォンに限らず、いろいろな分野で予想をはるかに上回るスピードで進んでいます。技術革新が経済や社会にもたらした恩恵ばかりが耳目を集めていますが、私たちはＡＩ、自動運転、フィンテックなどの新しい情報技術が、「考える」という人の基本的な能力を衰えさせる要因を孕んでいることを意識する必要があります。今の便利な世の中を否定するつもりはまったくありませんが、現実に便利な世の中で生きる人々は知らず知らずのうちに、日々の生活で考える機会が奪われているのです。

おそらく10年後や20年後には、今の想像をはるかに超える社会になっています。どういった仕事がＡＩやロボットに取って代わられるか、世界各国のシンクタンクから種々の予測が出されていますが、シリコンバレーの最新の動向を見ていると、現時点で「ＡＩにはできない」と予測されている仕事の多くがＡＩによって代替えされることも否定できないのです。どのような仕事が一生を通して安泰なのかと考えることは、これからの変化が激しい時代ではあまり意味を持っていないというわけです。

それでは、私たちはどのような対応策を講じていけばいいのでしょうか。たしかに、専門性の高いスキルが今後も強力な武器になるのは間違いないはずですが、生涯現役が求められるようになる経済・社会では、スキルがそれ1本だけでは少し心もとないと言わざるをえません。ですから第2章や第3章のなかでは、日進月歩で進むITやAIの技術を活用しながら、複数のスキルを習得する必要性が高まってくるだろうと申し上げました。

しかしながら、これからどれだけ技術革新が推し進められようとも、絶対に廃れない基本的な能力があります。それは、考える力＝思考力（読解力・論理力・直感力・感性などを包括する能力）です。考える力が強い人は、いつの時代にどこで働こうとも、常に求められる貴重な人材になるからです。言い換えれば、考える力が強い人は「基本的なスキルが高い人」と言えるでしょう。

大学の学部や専攻、あるいは個人が持つ専門性に関わりなく、考える力が強い人であれば、これから社会がどのように変わろうとも恐いものはありません。ＡＩやロボットとの競争に総合的に負けることはないので、世界中の企業・団体から引く手あまたの存在になるでしょう。また、どのようなスキルや専門性を身に付けるにしても、考える力はその土台となる基本的な能力でもあるので、その能力が廃れることは絶対にないというわけです。

## 頭を「使う人」と「使わない人」の経済格差

考える力＝思考力を鍛える方法は、ひとつしかありません。日頃から何でも自分の頭で考えるようにすることです。それでは効率が悪いという批判があるかもしれませんが、とにかく自分の頭のなかで腑に落ちるまで考えることが重要な訓練になるのです。そのような訓練を1年続けることができれば、きっと自分の頭のなかで何かが変わっているという感覚を持つようになると思います。3年間続けることができれば、自分の頭のなかで思考の枠組みが以前と変わっていることをはっきりと自覚できるようになると思います。

ビジネスの世界で2010年代にGAFAが急速に存在感を増してきているなかで、逆説的ではありますが、アメリカでは頭を「使う人」と「使わない人」の経済格差が苛烈な勢いで拡大してきています。日本では未だそのような傾向は顕在化していませんが、おそらく10年後か20年後には、日本も今のアメリカ並みになっているかもしれません。自分で物事を考えない人は、中流層にとどまることさえ難しくなっていくでしょう。

昨今のデジタルが進化した社会では、世界中の人々が日常で考える機会を奪われているのは間違いないので、私が子育てをする際に注意しているのは、子どもにはなるべくＩＴに頼らない生活をさせるように心がけているということです。これは何も子育てに限ったことではなく、自分自身にも普段からＩＴに頼りすぎてはだめだと言い聞かせています。ですから、いつも仕事にあたる時には、「ＩＴを使う仕事」と「ＩＴを使わない仕事」に分けて、自らが思考する時間が減らないように注意を払っています。

そこで読者のみなさんにおすすめしたいのは、スマートフォンなどのＩＴ機器に触れない時間を1日のうちに数時間はつくるということです。理想としてはＩＴ機器をいっさい使用しない日をつくるのがいいのですが、それでは仕事にどうしても支障が出てしまう場合があるので難しいでしょう。しかし、朝起きて数時間はスマートフォンに触らない、または、帰宅したらスマートフォンの電源を切る、といったルールを決めるのは可能ではないでしょうか。

まずは、自らで実行するのが可能なルールを設定して、それをとにかく守っていくということが秘訣になります。ルールを守っていれば、常日頃からスマートフォンなどに頼っていたことを、自分で考えなければならない機会が増えていくはずです。たとえば、調べ物をするために図書館や書店に行って、その時間を楽しむという体験をするのもいいでしょう。ひょっとしたら自分の視野を広げるきっかけになる本、自分の人生を大きく変えるような本に巡り合うことだってあるかもしれません。

## ＩＴの世界から離れることの効用

実は、ＩＴ機器に触れないことによって生じる効用は、考える機会を増やすということだけではありません。考える力＝思考力を構成する要素である「感性」を豊かにし、「直感」を磨くことにもつながっていきます。スマートフォンなどのＩＴ機器に依存した生活から少しでも脱することができれば、日頃から無意識に考える癖がよみがえってくるのに加えて、感性という土壌を豊かに耕し、直感というアンテナを鋭くすることができるのです。

ＩＴ機器に触らない時間を増やしていくと、自ずと家族の団欒《だんらん》の時間が増えていくのに気付かされます。感性を豊かにするには、家族とのコミュニケーションが重要なのはいうまでもありません。さらに感性を豊かにするためには、自然と触れ合う時間をつくるようにすることも効果的です。日課として近所の公園を散歩するだけでも、ＩＴ機器では触れることができない情報を五感から大量にインプットすることができます。感性を豊かにすることで、後の項目で述べる直感を鍛えることにも直結していくというわけです。

そういった意味では、発想力や創造力が競争の源泉となるＩＴ企業が東京のど真ん中に本社を置いているというのは矛盾していると思います。私はヤフーの宮坂学会長（当時）とお話しする機会があった時に、本社を都心から郊外（地方）へ移転してはどうかと提案したことがあります。そうすれば経営コストが圧倒的に下がるうえに、社員の仕事や生活における満足度も格段に上がり、個々の創造性や感性が豊かになることが十分に期待できるからです。

宮坂会長も私の考えに賛意を示してくれたものの、状況的には難しいというニュアンスの話をされていました。宮坂会長自身も登山が趣味であり、自然との触れ合いが感性を豊かにすることを認識しているため、社員には新幹線手当を支給するなどして地方に住むことをすすめていたということです。私はヤフーが成長すると同時に社会に貢献できる企業になるためには、都心の千代田区（紀尾井町）に6500人の社員を抱えるのではなく、都心から電車あるいは新幹線で1〜2時間で行ける地方に本社を構えることが最善の選択肢だと今でも考えています。

私の考えのお手本に近いのが、長野県諏訪市に本社を構えるセイコーエプソンです。この会社が地球の環境に配慮した画期的な製品を開発し続けることができるのは、豊かな自然環境のもとで感性が磨かれることで、創造性や研究開発力が高まっていると考えられるからです。同社の社員が長野に6000人いるのに、東京には100人もいないというのは、つねに創造性が求められている企業としては極めて合理的な体制（人員配置）であるといえるでしょう。

## MBAの陥穽と感性の重要性

近年のアメリカで顕著なのは、ビジネスに求められる能力として感性が注目され始めてきているということです。人々の価値観が多様化するデジタル社会では、ビジネスに携わる人材にも「理論から感性へ」、「左脳から右脳へ」のシフトが重要だと認識されてきているのです。感性が磨かれた人材を採用したほうが、企業の多品種少量生産の方向性や差別化のための戦略には合っているというわけです。

その証左として、アメリカではMBAプログラムの志願者数が２０１８年まで４年連続で減少しています。MBAの理論から導かれる答えは基本的にひとつということが多いので、同じ答えに基づいて戦略を練る企業が増えれば増えるほど、企業のビジネスは陳腐化し、多様化や差別化の手段を失ってしまうという問題が出てきているのです。

デジタルの分野で日本のトップを突き進む日立製作所の東原敏昭CEOですら、新しい価値を生み出すためには、これまで以上に感性が磨かれた人材が欠かせないと言い始めています。歴史、文化、芸術など人文系の学問や知見を幅広く学び、感性を磨くことが何よりも大事であると強調しているのです。日本でもデジタル技術に強い企業が次々と感性というキーワードを口に出し始めています。感性は答えが見つからない問題だけでなく、問題を見つける能力である認知能力をも高めてくれるはずです。

10年ほど前であれば、理系の学問は経済や社会に役に立つが、文系の学問は何の役にも立たないといわれていました。実のところ、このような時代錯誤的な認識が今ま

**図表5-5　IT機器に触れない、使わない時間をつくる効用**

| | |
|---|---|
| ① | 自分で考えなければならない機会が増え、思考力が鍛えられる |
| ② | ビジネスに欠かせない感性を豊かにし、直感を磨くことができる |
| ③ | 家族の団欒や自然に触れる時間を増やすことができる |

で日本企業の足かせになっていたのでしょう。個々の商品・サービスの価値というのは、私たちがそれらに主観的な価値をどれだけ感じることができるのかで決まります。第4章において、文系と理系の知見を兼ね備えたハイブリッド人材が重宝がられると申し上げたのは、価値の創造は文系の学問や感性が得意とするところであるからです。

人の五感はアナログの機能しか持っていないので、人がデジタル情報を認識するためには、デジタル情報をアナログ情報に変換する必要があります。考える力を鍛えるにしても、スキルを身に付けるにしても、その習得レベルを左右するのはアナログの機能の優劣ではないかと考えています。

私たちは日常生活が便利になりすぎたデメリットを克服するために、スマートフォンなどのＩＴ機器から意識的に離れたうえで、自ら物事を考える機会や感性を磨く時間をいっそう増やしていくべきでしょう【図表５－５】。

## 「読解力」と「論理力」を身に付けるには

これまで再三指摘しているように、私は電車内の光景を見るたびに、日本人として強い危機感を抱いています。それは、この光景が日本人にとって絶対的な読書量が不足していることを象徴しているに他ならないからです。

考える力＝思考力がすぐれている人は、たいていの場合、その読書量が平均的な人と比べて圧倒的に多いという事実があります。アメリカは日本より社会にＩＴが広く行き渡っているのに、マサチューセッツ工科大学やスタンフォード大学などの卒業生の考える力が強いのは、日本の大学生から見れば尋常でないほど在学時に本を読んでいるうえに、卒業後も人生にとって読書がいかに大事かを理解していることに起因しています。

「読書の量に比例して、その人の知識力や考える力が決まる」
「読書の範囲に比例して、その人の視野の広さや思考の幅が決まる」

これらの定義づけに異論を差し挟む方はあまりいないでしょう。読書の量が多ければ多いほど、知識力は豊かになり、考える力は深まります。読書のジャンルが広ければば広いほど、多角的な物事の見方ができるようになり、文系と理系の両方の考え方もできるようになります。要するに、考える力を構成する重要な要素である「読解力」や「論理力」を鍛えるには、読書がもっとも手っ取り早い方法であるというわけです。

そうはいっても、読書の習慣が身に付いていない人にとっては、本を最後まで読むというのは意外にハードルが高いそうです。せっかく書店で文庫本や新書本を買ってきたにもかかわらず、途中で挫折して終わるというパターンが大半を占めているといわれています。こういったパターンに陥ってしまうのは、非常にもったいないことだと思っています。読書はもっともお金がかからない自己投資の方法であるので、途中で挫折した方々にはぜひとも再チャレンジしてほしいところです。

## ビル・ゲイツが設けている「考える週」

考える力＝思考力が強い人の特徴というのは、ごく自然に読書が習慣になっているということです。実質的には「読書すること」は「考えること」と同じ行いになるので、考える力が強い人は考えることが習慣になっている人と断言しても差し支えないでしょう。逆説的な言い方をすれば、日頃から読書を通して考える習慣を身に付けなければ、考える力がすぐれた貴重な人材になることはできないと言い切っても過言ではありません。

それでは、読書が習慣化していない場合、どのような方法で習慣化していけばいいのでしょうか。オーソドックスな方法としては、朝食前の時間、通勤の時間、夕食後の時間、就寝前の時間など、毎日の生活のどこかで必ず読書に充てる時間をつくるというものがあります。たとえば、夕食後の1時間はお気に入りのソファに座って、大好きなレモンティーを飲みながら読書をするといったふうに、自分の好みに合った読み方のスタイルを編み出すことが理想的です。

いちばん習慣化しやすいのは、やはり通勤の時間です。通勤の途中、電車やバスのなかで過ごす時間を読書に充てるというのが、時間の使い方としては効果的だからです。総務省の社会生活基本調査（2016年）によれば、平日の通勤・通学の時間を都道府県別に見ると、神奈川県が1時間45分ともっとも長く、次いで千葉県が1時間42分、埼玉県が1時間36分、東京都が1時間34分となっており、全国平均が1時間19分であるのに比べると、東京圏ではとくに通勤時間が長くなっているのです。

全国にしても都道府県別にしてもあくまで平均の時間ですから、東京圏にかぎらず大都市圏に通勤している人であれば通勤に2時間かけているというのも決して珍しくはないでしょう。いずれにしても、電車やバスのなかでは読書をしながら考える力を鍛える時間としてルーティン化することは、さほど難しくはないはずです。初めのうちは1日10分でも20分でもいいので、まずは習慣化することが第一歩になります。

私も仕事で電車やタクシーに乗る時には、本や新聞を読むことをルーティン化していますし、仕事の合間にできる移動時間や空き時間に備えて、いつもカバンのなかに本を1冊か2冊入れて持ち歩いています。また、休みの日に外出する時も、いつ隙間の時間ができても大丈夫なよう、いつもカバンや車のなかに数冊の本を入れています。行きつけの喫茶店ではリラックスして本が読めるので、ついつい長居をしがちになったりしています。

マイクロソフトの創業者であるビル・ゲイツ氏は世界有数の大富豪として有名ですが、彼は就寝前の1時間を読書の時間にして、その時間帯だけで年間50冊以上の本を読むということです。そのうえ彼は、1年に数回の頻度で「考える週」と名付けた休暇をとって、食事と睡眠をとる時間以外は、すべて読書と考えることに時間を使っているというのです。彼の独特な行動は、いかに読書や考えることが人生にとって大事かを教えてくれているような気がします。

## 暗記ではなく体系的に理解する

それでは次に、日常生活で読書が習慣化することができたとして、これからはどういったジャンルの本を読んでいけばいいのでしょうか。その答えは、自らの好みのジャンルに偏ることなく、さまざまなジャンルの本を読むということです。考える力＝思考力を鍛えて読解力・論理力を身に付けるためには、ある特定のジャンルの知識や考え方だけではなく、多種多様なジャンルの知識や考え方を学ぶことが求められているのです。

私がここでいちばん言いたいのは、とにもかくにも、幅広いジャンルの本をできるだけたくさん読んでほしいということです。人文科学系の本であれば哲学、歴史学、宗教学、心理学、文化人類学など、社会科学系の本であれば法学、政治学、経済学、経営学、社会学など、自然科学系の本であれば物理学、化学、生物学、数学、統計学など、さらにはビジネスに関するノンフィクションなど、可能な限り幅広いジャンルの本を読んだほうが好ましいでしょう。

読書をする時に注意するべきは、その本に書かれている知識を覚えるというよりは、その本の知識を体系的に理解すると同時に、「なぜそうなるのか」を自分の頭でしっかりと考えて腹落ちするまで理解を深めるということです。知識を暗記しようという意識を捨て去り、考えるための基礎トレーニングの場として捉える必要があるのです。知識を体系的に理解できれば、覚えようという意識がなくとも紐づけられた知識が記憶に残りやすくなりますし、十分に納得できるまで考えることで、タフな考える力が鍛えられるようになるわけです。

たとえば、プロ野球で活躍している一流選手ほど、若い頃から足腰を鍛えるランニングや基本となるトレーニングを日々欠かさないようにしています。プレーに欠かせない足腰の基礎がしっかりしていないと、いくら地道にピッチングやバッティングの練習をしたとしても、技術が一流といわれるレベルまで向上しないことをよく理解しているからです。野球にしても、サッカーにしても、どんなスポーツにしても、基礎的な練習を怠っていては、高度なプレーなどできるわけがありません。

## 無意識のうちに自らの視野が広がる

読解力や論理力を養うために思考能力を鍛えるにしても、私はこのスポーツのたとえ話とあまり大差がないと思っています。今後有望とされるデータサイエンスにしても、それに近い学問である統計学にしても、どんな学問にしても、基礎的な学力や知識が備わっていないのでは、いきなり高度なレベルの本を手にしても理解できるわけがないのです。基礎学力や基礎知識の地道な習得なくしては、一流の思考能力を身に付けるのが難しいというのは、少し冷静になって考えることができれば、簡単に答えが出るというわけです。

さまざまなジャンルの知識を習得しながら考える力＝思考力を働かせていけば、ある日突然、無意識のうちに自らの視野が広がっていることが実感できるようになります。そして、視野が広がれば広がるほど、いつの間にか読解力や論理力が磨かれていて、特定のジャンルの知識だけでは到達できないようなすぐれた考え方や判断ができるようになります。複数の分野の知識や考え方を組み合わせることによって、物事の判断をする際に自らの頭で考えてベストだと思われる結論を導き出せるようになっているからです。

読書家の方々には「釈迦に説法」になってしまうかもしれませんが、ものすごく考える力が鍛えられる本に挑戦したいと思ったら、どのような本を選んだらいいのでしょうか。私は「古典」を選ぶことを強くおすすめしたいと思っています。古典とは文字どおり、今の時代から見て古い時代に書かれた書物のことをいいますが、私がいう古典とは、歴史的に高い価値を持っているとともに、後世の人々の教養を高めるのに大いに役立つ書物のことを指しています。

## 『国富論』と「ビジネス・ラウンドテーブル」に見る「人間の愚かさ」

世界史の教科書に登場する古典としては、ルソーの『社会契約論』やアダム・スミスの『国富論』(18世紀)、マルクスの『資本論』やダーウィンの『種の起源』(19世紀)、マックス・ウェーバーの『プロテスタンティズムの倫理と資本主義の精神』やミシェル・フーコーの『知の考古学』(20世紀)といった古典があります。いずれの古典からも、私たちは偉大な著者の精緻な分析を通して、その時代の最先端の考え方に直接的に触れることができるのです。

古典の本当にすごいところを理解するためには、その時代の歴史に関する知識を大まかでもいいので学び、その古典が書かれた時代背景やその当時の人々の価値観、その著作が後世に与えた影響など、全体的に俯瞰《ふかん》することが欠かせません。

たとえば、アダム・スミスが『国富論』を執筆した18世紀のイギリスは、名誉革命以来、「王は君臨すれども統治せず」という伝統があったため、他のヨーロッパの国々よりも自由経済がいち早く拡大し、資本家階級と労働者階級が生まれ、その後の産業革命の勃興期には労働者階級が爆発的に増えていきました。紡績機械の発明によって綿織物の大量生産が行われていた工場では、労働者の酷使や過労死などが社会問題になり、資本家と労働者の経済格差の拡大に伴う対立が露わになっていったのです。

『国富論』のすごいところは、「国民が豊かにならずして国家の繁栄はありえない」という前提に立ち、人々の暮らしをいかに豊かにするかという視点で書かれているということです。個人が他人を思いやる気持ちと正義感を持って行動し、その制約のなかで利己心に基づいた経済活動を行うことによって、富（豊かさ）を一点に集中させることなく、社会の隅々まで行き渡らせることができるはずだと説いたのです。

今のアメリカやイギリスなどヨーロッパの国々で問題となっている格差に対する処方箋を、すでに18世紀の後半に見出していたアダム・スミスの先見性には驚嘆させられます。アメリカの主要企業が加盟する経済団体「ビジネス・ラウンドテーブル」が2019年になって、これまでの株主第一主義を改め、顧客・社員・取引先・地域社会など広く関係する人々の利益にこたえる必要があると声明を出しています。この声明がアダム・スミスの理念とほぼ同じであると気づくことで、歴史上、人間がいかに何回も同じ失敗を繰り返しているか、その愚かさを思い知らされます。

## ビジネス書50冊より価値がある1冊の古典

あるいは、ダーウィンが『種の起源』で進化論という学説を記した19世紀半ばの西ヨーロッパでは、キリスト教会の社会に及ぼす影響力が依然として絶大だったので、彼に対して神を冒瀆《ぼうとく》しているという批判的な意見が凄まじかったといわれています。

その当時から遡るルネサンス後期の16世紀から17世紀にかけては、コペルニクスが「地動説」を、ガリレイが「物体落下の法則」を、ケプラーが『惑星運行の法則』を発見し、自然科学の分野の発展に先鞭を付けた時代でした。ところが、コペルニクスは教会公認の「天動説」に反する地動説を公にすれば自らへの迫害が及ぶと恐れて、死の直前まで自らの学説の公表を控えていたのです。ガリレイにいたっては地動説を支持したという理由だけで宗教裁判で有罪判決を受けて、教会の監視下で軟禁されることになりました。

　ダーウィンが生きていた西ヨーロッパが飛躍的な発展を遂げた19世紀になっても、聖書のなかでは「この世のすべては全知全能の神が創った」と書かれていたので、それに反する思想や学説はキリスト教社会ではなかなか受け入れられることが許されませんでした。科学的な考察から導き出した結論を丁寧に説明したとしても、それが神の意思に反するとなれば信じてくれる人はほとんどいなかったのです。そういった時代背景や人々の価値観を知っていれば、当時のダーウィンの功績がいかに偉大なものだったかを理解することができるというわけです。

　書物として古典のすぐれているところは、歴史に名を残す偉大な天才から、その時代の英知の結晶ともいうべき思考の枠組みを学ぶことができるということです。だからこそ、いくら時代が変わろうとも、古典の内容は決して色褪せることなく、時代を超えて読まれ続けているのだと思います。古典の内容をおおよそ理解できるまで読み込んで、著者の思考プロセスを疑似体験できるまで想像することができれば、読解力や論理力を徹底的に鍛えることができるのはもちろん、考える力＝思考力を飛躍的に高めることも期待できるでしょう。

というのも、古典の文章は全体的に具体性に欠けていて、抽象的でわかりにくいという点が多々あるからです。その時代では超インテリに属していた古典の著者は、読み手のレベルも自分たちと同じ理解力を持っているという前提で文章を書いていたので、現代の多岐にわたる本のように、大衆向けに易しい文章では決して書くことはなかったのです。たとえが厳密に正しいかどうかは別にして、私たちが医学の学術論文を精読するのに近い難解さがあるといえば、ざっくりとイメージしやすいのかもしれません。

初めは文章の内容がほとんど理解できなかったとしても、粘り強くゆっくりと何回も読み込むことで、著者の考え方が少しずつ理解できるようになっていくものです。そして、こういった経験を積み重ねていけば、難しい文章の論理の展開にも慣れてきて、読む速さと理解する速さの双方が上がっていくことになるというわけです。難解な文章と格闘することによって、読解力や理解力、考える力はますます高まっていくのは間違いありません。

私たちにとっては、偉大な思想家が生きた時代の社会や人間に対する深い洞察に触れながら、その思考の枠組みを読み解いていくだけでも、現代に溢れるほどあるビジネス書を50冊読むより大きな収穫になるのではないかと考えています。要するに、1冊の古典を読み込むことは、ビジネス書を50冊読むのに勝るとも劣らない価値があると考えているのです。通常の場合、古典は1冊1000円もしない文庫本で読むことができるので、これほど安上がりに考える力が鍛えられる方法はないというわけです。

## 疑似体験が役に立つ

読書には読解力や論理力、考える力＝思考力を鍛えてくれるほかに、疑似体験を意識して読むことで、感性や直感を磨いてくれる効果もあります。たとえば、ある国のことが詳しく知りたいと思ったら、その国の歴史、宗教、文化について書かれた書籍から学ぶことができます。このようなことをいうと、「書籍を読むだけでは、貴重な経験ができないのでは」と必ず反論する方々がいるのですが、読書の大きなメリットとは国内にいながらにして海外の国々の様子を疑似体験できるということです。

たとえば、勤務先や請負先の企業が海外進出の戦略を練りたいという時に、その進出先の歴史や宗教をしっかりと学んでいなかったとしたら、まったくお話になりません。それゆえに、世界のどの国の歴史や宗教でも、世界のどの国の人々の価値観や生活様式でも、想像力や感性を働かせることによって、それらに関連する書籍をさながら実体験するつもりで読んでいれば、実際に海外で体験できることに近いレベルまですぐに理解できるようになるのです。

そういった読書をしている人は、ただ漫然と海外へ視察や研修に行っている人よりも、ずっと頼もしい人材になることができます。できるだけリアルな疑似体験をしようと目的意識を持って熱心に読書を続けていけば、自分のなかでその疑似体験が着実に力を発揮し、感性や直感を鍛えていくことができるからです。読書から得られる疑似体験は、みなさんをきっとグローバルな時代、デジタルな時代を勝ち抜くことができるすぐれた人材に育ててくれるはずです。

## 高度な専門知識よりも大切なこと

読書を通してさまざまなジャンルの知識や考え方を学ぶうえで、高度な専門知識はまったく必要がありません。読書の本来の目的は、さまざまなジャンルの知識や考え方に触れることで、視野を広げて多面的な物事の見方ができるようになると同時に、読解力と論理力、その土台となる考える力＝思考力を鍛えて強化するということです。最終的に本書が目指しているところは、自らの専門分野を磨きながら、専門以外の分野にも広く知見がある人材になってもらいたいということなのです。

あまり専門分野にばかり集中して物事を考えていると、物事を見る視野が従来よりも非常に狭まってしまいます。挙げ句の果てに、柔軟な考える力が身につかず、仕事にもっとも求められる基本的なスキルが退化してしまうことになりかねません。現実に、昨今のビジネスにおいては、今まで一見して無関係だった知識と知識が組み合わさることで、新しい商品やサービスが次々と生まれています。あまり専門的な考え方にこだわらず、他のさまざまな分野の視点を取り入れて新しい商品やサービスを生み出すというのが、成功の秘訣になっているのです。

先ほども述べたように、インターネットの情報に誘導される仕組みに依存している人々は、関心がある情報ばかりに接しているので、自らと異なる考え方を受け入れる許容度が低くなっています。私たちはつねにインターネットの空間で情報に誘導される仕掛けに毒されそうになっているわけですが、だからこそ、そういった仕掛けの誘惑に負けることなく、個々の関心事の領域を広げようと挑戦する姿勢が重要になってくるというわけです。

**図表5-6　読書の効用**

| | |
|---|---|
| ① | 読書量が多いほど、知識量は豊かになり、考える力が深まる |
| ② | 読書のジャンルが広いほど、視野や思考の幅が広がる |
| ③ | 読解力や論理力を鍛えることができる |
| ④ | 感性や直感を磨いてくれる |
| ⑤ | デジタル時代を勝ち抜く人材に育ててくれる |

それゆえに、私はできるだけ多くの日本人に対して、新しい視点を学び続けるために「本を読んで考えてください」と粘り強く訴えたいと思っています。とにもかくにも、「興味がない」「関心がない」といった言葉は禁句にして、どのような知識や考え方であってもひとまず取り入れてみることが大事なことです（私の場合、仕事が忙しくて読書をしない日がありますが、その代わりに毎日必ず日経新聞をテレビ欄と三面記事を除いてすべて目を通しています）。

私がこの本を書いたのは、日本人に少しでも考える力を鍛えて基本的な能力を高めてほしいと思ったからです【図表5-6】。みなさんがこの本を読むことによって、できるだけ多くの人々が知的好奇心を刺激されて、多種多様な書物に挑戦することを切に望んでいます。好奇心は人を成長させる最大のエネルギーです。それこそがこれからの定年消滅時代を生きるための最大の武器になりうるからです。また、深く物事を考えるということはけっして難しいことではなく、誰にでもできるすばらしい行為であることも知ってもらいたいと思っています。

## 「直感」と「ひらめき」の違い

企業の規模の大きい小さいにかかわらず、日本にはすぐれた経営者がたくさんいますが、私が思うところ、とくに秀でた経営者というのは、「直感」と「ひらめき」が人並み外れています。

「直感」と「ひらめき」は、日常的には同じ意味合いの言葉として使われていることが多いようです。しかし、厳密にいうならば、「直感」と「ひらめき」は、まったくの別物です。脳科学で有名な池谷裕二・東京大学教授の講演会で耳にしたことがあるのですが、これらは脳科学の研究においてもまったく違うものとして扱われており、実際にメカニズムも異なるのだそうです。

ためしに両方の言葉を辞書で引いてもらえばわかるのですが、

直感は「論理的思考によらず、感覚的に物事の真相を瞬時に感じ取ること」。

ひらめきは「すばらしい考えなどが瞬間的に思い浮かぶこと」。

などと書かれています。「直感」と「ひらめき」のどちらも、ある時にふと何かを思いつくという意味では同じ行為をしていますが、両者には明らかな違いがあります。

「直感」とは、辞書でも書かれているように、論理的思考に頼らずに物事の判断や見極めをしていることです。つまり、思いついたのはいいのですが、その後に、思いつくに至った理由が自分でもわからないのです。「なぜだかわからないけれども、これが正解であるにちがいない」と、強く確信しているわけです。言い換えれば、直感は感覚のなかでもっとも鋭い第六感といえるものなのです。

それとは対照的に、「ひらめき」では思いついたあとに、理由がはっきりとわかります。だから、思いついた時はその理由に気付いていない場合もありますが、時間を少しおけば、説明を求める人々に対して、論理的な理由を言葉で説明することができます。ひらめきは論理的な思考にすぎないので、考える力＝思考力の鍛え方に関係なく、誰でも程度の差こそあれ、動かすことができるのです。

「直感」とは、考えるという行程を通さずに理由のない答えが出てくるので、本書をここまで読んでいただいた方々は「直感は当てにならない」と考えるかもしれません。しかし、実のところ「直感」はとても当てになるものです。私が思うに「直感」

は「ひらめき」よりも物事の本質を見極めていることが多いのです。

なぜそのようなことが言えるのかというと、「直感」で考えが思い浮かぶ時、脳の中では自らの膨大な過去の経験や、その経験で蓄積したデータをもとに、自動的に「正しいか」「正しくないか」の答えを出しているからです。ですから、厳密には、結論を出した理由がないわけではないのです。理由はあるのですが、脳の中の複雑な計算の過程が自分自身には明らかにされずに答えが浮かぶわけです。

要するに、「直感」も「ひらめき」も、誤解を恐れずに別の言葉で表現すれば、「これまでの経験知の集大成」と言えるのですが、「直感」のほうは「意識的な経験知と無意識的な経験知の集大成」、「ひらめき」は「意識的な経験知のみの集大成」と分けることができると思います。

もちろん、私が言う「経験」とは単なる経験ではなくて、「いかに考える経験をしてきたか」「経験したあとでいかに考えてきたか」ということです。このように考えると、経験知の領域が広い「直感」のほうが「ひらめき」よりもすぐれていると考えるのが自然でしょう。

これも先述した池谷教授の講演会で聞いた例なのですが、眼力の鋭い骨董品店の主人が持ち込まれた壺を鑑定する時は、その壺を見た瞬間に「これは本物だ」「これは偽物だ」といったふうに見分けると同時に、本物である場合は「どれくらいの芸術的価値があるのか」も見分けることができるといいます。やはり、瞬間的にそういうことができるのは、長い年月をかけて真摯に鑑定を行ってきた成果として「直感」が磨かれているからだと思うのです。

もっと身近な例では、テストの答案で迷いがある時には、初めに書いた答えのほうが正しい確率が高いということがあります。初めに理由もわからずに書いた解答をやはり間違っていると思い、よく考えて書き直したりすると、大概は初めに書いた解答のほうが正解であるのです。

みなさんにも、そういった経験があるのではないでしょうか。それは、初めに書いた解答が「直感」で導き出されたものである可能性が高いからなのです。

## 直感力にすぐれた経営者とは

語句の説明が少し長くなってしまいましたが、この「直感」の厄介なところは、自分にも理由がわからないために、他の人々を説得するのが難しいということです。現代の社会システムでは、組織を動かして何かをやろうと思ったら、やたらと調査や説明を求められる機会が多すぎるからです。そう考えると、「直感」にも大きな欠点があるといわざるをえないでしょう。

論理的な思考に従い、データや資料から現状と将来を分析し、説得力を持って説明できなければ、自らの企画やアイデアが採用されることは通常ありえないのです。つまり、現代の社会システムでは、「直感」よりも「ひらめき」のほうが、ずっと受け入れられやすい状況にあるわけです。

ですから、「直感」による自分の考えを企業の中で押し通そうと思ったら、会長や社長といった立場にいる人であっても、強い権力や信用力を持っていないとなかなか実行に移すのは難しいでしょう。ましてや、部長や課長、係長といった立場にいる人であれば、経営陣のメンバーが直感力にすぐれていないことには、絶対に理解してもらえないのではないでしょうか。そういった意味では、直感力にすぐれている人はフリーランスとして活動したほうが、実績を積み上げていくことができるでしょう。

あくまで私個人の見解ではありますが、日本のビジネス業界を見ているかぎりでは、「直感」がすぐれている経営者の代表はセブン&アイ・ホールディングスの鈴木敏文前会長であると考えています。いろいろな大企業を見ていて、「ひらめき」型の経営者が圧倒的に多いなかで、「直感」型の経営をしていた鈴木会長は、ことのほか稀有な存在であると思われます。

## とにかく「考え抜く」ことの重要性

私がそう考えるのは、鈴木会長（当時）が銀行業に参入してセブン銀行を始めようとした時も、あるいは、セブン‐イレブンの高級ブランドである「セブンプレミアム」を開発しようとした時も、他の経営陣がみな口をそろえて大反対したという経緯を聞いているからです。

おそらくは、セブン銀行やセブンプレミアムが「なぜ成功すると思うのか」という問いに対して、その当時は鈴木会長自身、論理的思考に基づく説明ができなかったのではないでしょうか。「理由はわからないが成功する」という直感を述べただけでは、自分以外のすべての役員から強く反対されるのは、当然であると思うのです。

鈴木会長は当時を振り返って「革新的なことをやろうとすると反対されることが多い」と述懐していますが、私は鈴木会長が「ひらめき」ではなく「直感」で判断したからこそ、周囲から大反対されたのだと分析しています。否、逆にそのように分析しなければ、実績のあるカリスマ経営者に対して、他の経営陣がみな面と向かって反対する根拠が見当たらないのです。

鈴木会長のすごいところは、「一対多」の意見をものともせずに、自分の考えをいずれも強行してしまったことです。仮にこれらの強行が失敗することになれば、無能な経営者のレッテルを貼られかねません。それでも、鈴木会長が自分の考えを押し通すことができたのは、自らの「直感」によほどの自信を持っていたからなのでしょう。

セブン銀行とセブンプレミアムの現状はどうかというと、セブン銀行はセブン－イレブンを中心にATMを設置し、入金・出金・振り込みなどの利用手数料で稼ぐビジネスモデルが上手く機能しています。業績は右肩上がりの基調が続いていて、年間の総利用件数は優に8億件を超えるまでになっています。セブンプレミアムの売上高も顧客層の強い支持を得て、恐ろしいほどの勢いで増えてきています【図表5－7】【図表5－8】。

セブン－イレブンの1号店がオープンしたのは1974年と45年以上も前になるのですが、当時は今のように商品であふれている時代ではなかったので、鍋、食器、洗面器、はたき、ゴミ箱など、売るモノの陳列にも悩み、業績も芳しくなかったといい

図表5-7　セブン銀行の経常収益推移（2013～2019年）

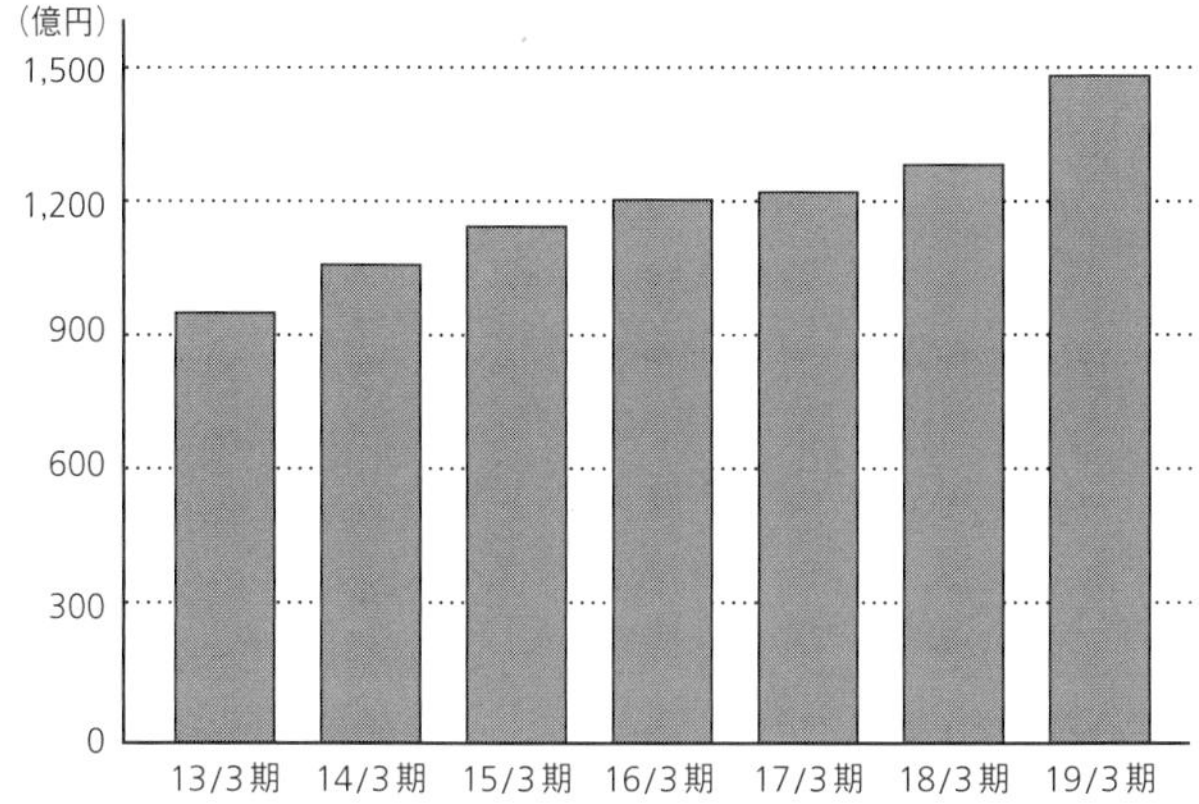


出典）セブン銀行　IR資料

図表5-8　セブンプレミアムの売り上げ推移（2014～2019年）

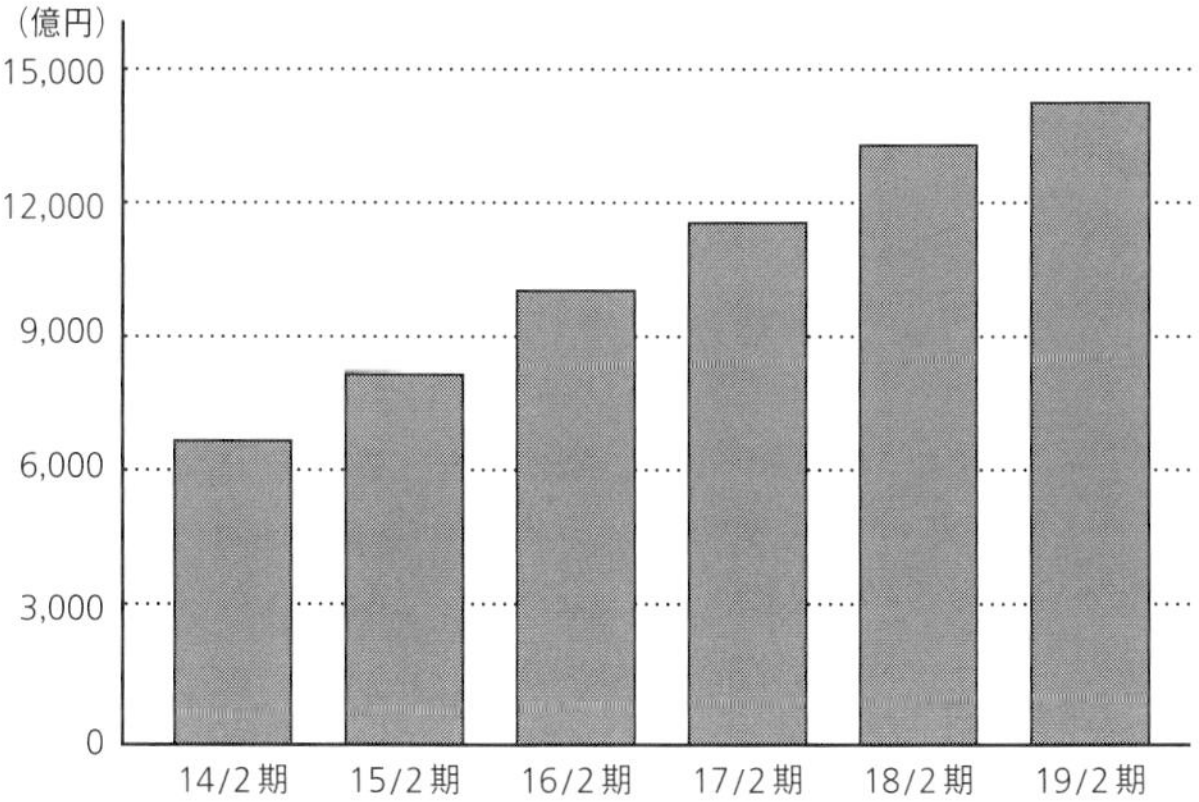


出典）セブン＆アイ・ホールディングス　IR資料

ます。私が幼い子どもの頃の写真を見ても、この頃には本当にモノがなかったのだということがわかります。

そのような状況の中で、当時の専務だった鈴木会長が何をしてきたのかというと、種々の仮説を立てては、新しい取り組みを行い、試行錯誤を繰り返していたのです。文字どおり、試みては失敗を繰り返しながら、順を追って解決策を見つけていったわけです。鈴木会長の「直感」を支えているのは、そういった過去の経験の蓄積なのでしょう。

私は鈴木会長の言う「試行錯誤」とは、「思考錯誤」と同じ意味であると思っています。もちろん、「思考錯誤」という四字熟語は存在していません。試しに辞書で「思考錯誤」を調べてみると、「試行錯誤の誤記、誤変換」とあり、完全に誤字扱いとなっています。

しかし私は、「思考錯誤」とは思考しては失敗を重ねながら、徐々に解決策を見つけていくという意味であってもいいと思っています。私の考える「思考錯誤」の概念は、考え抜いて、考え抜いて、経験知を集積していくというものです。そういう意味では、難しい書物を理解するために考え抜くという行為、あるいは、世の中の難題に

**図表5-9　直感を磨くプロセス**

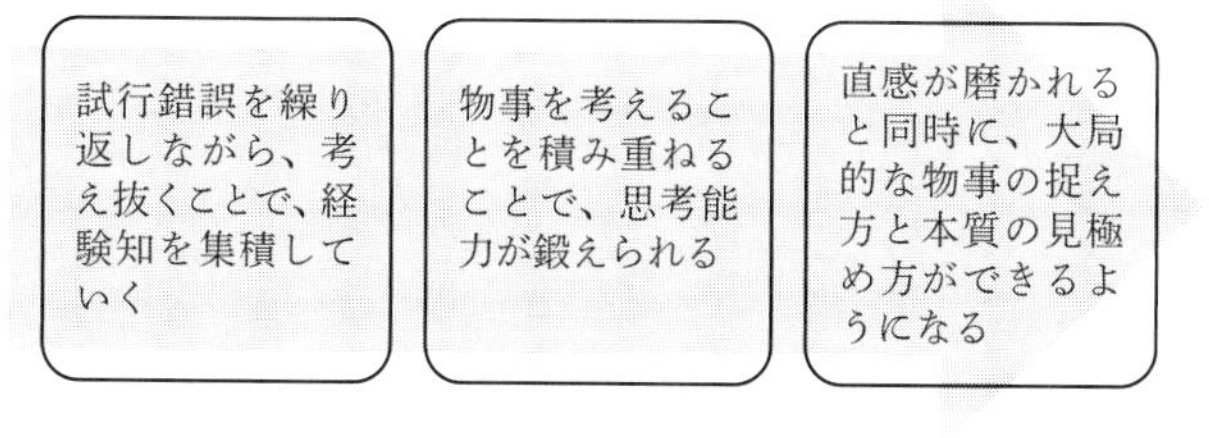
試行錯誤を繰り返しながら、考え抜くことで、経験知を集積していく
物事を考えることを積み重ねることで、思考能力が鍛えられる
直感が磨かれると同時に、大局的な物事の捉え方と本質の見極め方ができるようになる

ついていろいろなことを考える行為と非常に似通っているといえるでしょう。

カリスマ性のある経営者にしても、ビジネスマンや学生にしても、「考える」「考え抜く」という頭の中の作業は、誰にでも平等に行うことができる行為です。物事を考えるという行為を地道に積み重ねていけば、私たちの脳は思考能力という形で鍛えられ、直感が磨かれると同時に、大局的な物事の捉え方、本質を見極める見方を自然とできるようになっていくでしょう【図表5－9】。

## これからは直感型が主流になる

私はたびたび、大手企業が新規事業として参入するビジネスプラン作成のお手伝いをさせていただくことがあります。その時に必ず考えるのは「10年後、20年後に、その企業が強みを発揮できるビジネスは何か」ということです。

ですから、絶えず新しい情報を自らの頭の中に蓄えながら、ビジネスの大きな潮流を見失わないように心がけています。

たしかに今の社会においては、直感による考えでは人々を説得するのは非常に難しいのですが、私はこういった時代の潮流は徐々に変わっていくだろうと考えています。というのも、ビジネスにおけるＡＩの席巻が、必ずしも思考のプロセスを明かす必要がないという環境を形づくり始めているからです。ＡＩがビッグデータを深層学習して出す答えというのも、思考のプロセスがまったくわからないので誰もその答えを詳しく説明することができないのです。

ですから、これからの時代では、先に紹介した鈴木会長が行うような直感型の経営が主流となってくるだろうと予想しています。変化が目まぐるしいグローバル社会では、ひらめき型の経営者よりも直感型の経営者のほうが、時代の本質をより正確に見極めて、優位に立つことができるというわけです。その兆候としては、昨今はグローバル企業の対応が変わってきているとひしひしと感じていますし、日本でも直感型の経営判断を取り入れる企業が増えてきているように思われます。

たとえば、あるグローバル企業のアドバイザーをお引き受けした時に、私は初めにその企業のホームページについて「全体の色合いをベージュ系の色に変えたほうがいい」と助言をいたしました。そう助言する最大の根拠は何かというと、「たしかにこの色調は落ち着いているのだが、日本人にとっては何か違和感がある」という直感によるものでした。

その企業も当初は「弊社のホームページはワールドワイドにカラーを統一しているので、申し訳ないがそのアドバイスは受け入れられない」と言っていました。それでも私が「アメリカやイギリスや中国ではこの色合いでいいかもしれないが、日本ではそれは通用しない」と1年間もホームページのことを言いつづけていると、ようやく重い腰を上げて本社とかけあい、日本法人のホームページだけ全体の色調を私が言うとおりに変更してくれたのです。

その結果、どのような変化が起こったかというと、ホームページ経由の資料請求件数が明らかに増加したということです。これまで資料請求をする理由として、「ホームページの印象がよかったから」という項目を選ぶ人は皆無だったのですが、ホームページを変更した月からその項目を選んで資料請求する人が目立ってきたというのです。

自分がかかわった企業、かかわらなかった企業に関係なく、グローバル企業にしても日本国内の企業にしても、企業のホームページの9割以上は見た瞬間、直感的にダメだと判断できるものが多いという事実があります。たとえばBtoC（企業対消費者）の企業であるにもかかわらず、BtoB（企業対企業）のホームページになっている企業が実に多いのです。さらには、ホームページのよしあしを言う以前に、企業の9割以上が、経営をするうえで当たり前のこと、基本的なことができていない状況にあります。

そんななかで、当たり前のこと、基本的なことができている企業の経営者には、高齢であり、かつ、歴史や哲学に造詣が深いという方々が多く見受けられます。先に取り上げた池谷東大教授は、あくまで仮説ではあると断ったうえで、人間は若いうちはひらめきに頼ることが多く、年をとると少しずつ直感に頼るようにシフトしていくと言っています。

しかしながら私は、若いうちから考える癖をつけて経験知を積み増すことによって、30代や40代であっても、直感がいかんなく発揮できる脳をつくりあげることができると確信しています。そして、経験知を積み増すのに手っ取り早い方法が、本章で申し上げた「本を読む→考える」「試行錯誤する→考える」といった思考の繰り返しであるというわけです。

読者のみなさんのなかには、私が本書で述べていることを実践するのは難しいと思う人がいるかもしれません。けれども、実践する前から難しいと思うのは、決してしてはいけないことなのです。初めから難しいと思うと、難しいからやめておこうという流れになってしまうからです。

だから、初めはハードルを低くして、1週間に1時間でもよいので、とにかく読書を中心とした学習を始めることが大切です。やがて5日間に1時間、3日間に1時間、2日間に1時間……というふうに、徐々に慣れていけばよいわけです。

もちろん、私が実践している新聞でも同じで、初めは1ページだけでもよいので、とにかく読みはじめることとです。それができるようになれば、全体を読むのが習慣化するのは、半ば成功したといってもいいでしょう。こうして、考える力＝思考力や感性・直感を育んでいっていただきたいと思います。人は考えるという行為の繰り返しによって、考える力という基本的なスキル、どの時代でも求められる基本的なスキルを身に付けたうえで、大局を判断できる直感、本質を見極める洞察力が磨かれていくのです。

# おわりに

## さらなる格差拡大を食い止めるために

日本で戦後から連綿と続いてきた新卒一括採用、年功序列、終身雇用といった雇用慣行は、経済のグローバル化やデジタル化に加えて、少子化による労働力人口の減少や高齢者雇用の増加によって、維持することが極めて困難になってきています。新卒の通年採用の拡大や中途採用の通常化に伴って、日本の雇用が本格的に流動化する時代が訪れようとしているのです。その結果として、ひとつの仕事や会社に安住して過ごすことができる人は確実に減っていきます。

アメリカではすでに、AI・IT関連など高スキル職と小売業・飲食業など低スキル職の双方が増加するのとは対照的に、製造・事務など中スキル職の雇用が大幅に減少しています。中間層の人々の雇用が縮小し、労働市場の二極化が進行しているのです。そのうえで、高所得者層のほうが低所得者層よりも寿命の延びが大きいことが明らかになってきています。現在進行しているデジタル化の波が、このような傾向をエスカレートさせるのは疑う余地がなく、格差がいっそう拡大していくことが懸念されています。

アメリカやイギリスなど先進国の現状では、高所得者層ほど教育やスキル習得の機会に恵まれているので、それらの機会がさらなる高収入をもたらし、長い人生を豊かに生きることができます。その反対に、低所得者層ほど教育やスキル習得といった機会が少ないので、人生を通して低い収入に甘んじることになり、年をとるにつれて低い収入の仕事もなくなっていくのです。

日本では、アメリカやヨーロッパの国々と比べて格差が小さいといわれていますが、雇用のあり方が変わる時代では落ち着いてはいられないというわけです。

## 人生に何回もチャンスが訪れる社会へ

私たちの考え方によっては、そういった時代の到来は大きなチャンスにもなりえますし、大きなピンチにもなりえます。たとえば今の新卒一括採用では、大学を卒業する時の1回しか就職のチャンスが与えられず、その結果によってその後の人生の勝ち負けまで決められてしまいます。しかし、新しい日本の雇用ではその弊害が改められて、人生で就職のチャンスが何回も与えられるようになります。「失われた世代」や「就職氷河期世代」といった言葉が生まれない環境に変わっていくのです。

ひとつの会社でしか通用しないスキルを身に付けたとしても、働いている企業が衰退に向かえばそのスキルの有用性は薄れてしまいます。そうはいっても、私たちはデジタル技術を駆使して、多種多様なスキルを習得する時間を短縮化できるので、人生でも仕事でも何度でも挑戦ができる世界が訪れようとしています。人生を通して成功の軌道に乗り続けるのは難しいかもしれませんが、失敗しても再びチャンスを与えてくれる社会では、天職を見つけて遅咲きの花が開くケースは尽きることがないでしょう。

プロ野球の世界で光り輝いたイチローさんのように、子どもの頃に大好きな仕事（道）を見つけて一生の仕事にすることができれば、それは現代における至高の幸せであるといえます。しかしその一方で、初めて就職した当時は考えもしなかった世界で天職を見つけて成功することもあります。

その象徴的なケースとして挙げられるのは、iPS細胞の研究でノーベル生理学・

医学賞を受賞した山中伸弥・京都大学教授です。山中教授は現職に就くまでに、整形外科の臨床医、薬理学の研究者、分子生物学の研究者、ＥＳ細胞の研究者と、いくつもの職歴を経験していたのです。

## 日本人全体の底上げが豊かな社会をつくる

新しい技術や時代に適応できない企業は、倒産や廃業の憂き目に遭っていくのが避けられない情勢ですが、そこに勤める人々の多くはキャリアやスキルに乏しいので、簡単には次の就職先を探すことができないでしょう。ですから、早急に我が国の政府に求めたいのは、そういった失業する人々も含めて、すべての日本人が年齢を問わず新しいスキルを習得し、社会で活躍できるシステムを整備しなければならないということです。現在の仕事と新しいスキルの習得を両立できるような制度を構築することこそ、ひとりひとりの人材育成や収入の底上げを通じて、多くの人々が満足いく人生を送ることができるからです。

２０１９年度の国の一般会計では、公共事業関係費は６兆５９６億円（臨時・特別の措置８５０３億円を含めると６兆９０９９億円）となっていますが、そのうち１兆円だけでも恒常的に人材教育に回すことができれば、若年層や低学歴層だけでなくすべての層のスキルアップに役立つはずです。このままの現状を放置して深刻な格差社会になるよりは、人材教育の底上げによって格差の拡大を回避すると同時に、国民全体の収入も上げていくという前向きな政策のほうが、大多数の国民が賛成してくれるでしょう。

若者から中高年にかけて中途採用が当たり前の世の中になる過程において、日本が今より豊かな社会に変われるかどうかは、ひとりひとりの仕事へのやりがいや楽しみを感じる人たちがどれだけ増えていくかということに懸かっています。いずれにしても、ひとりひとりの仕事への対応の仕方で結果が大きく変わっていくので、できるだけ多くの人たちに自らの視野を大きく広げてもらい、人生が少しでも豊かになる働き方を模索していってもらいたいと切に願っている次第です。

講談社現代新書　2553

# 定《てい》年《ねん》消《しょう》滅《めつ》時《じ》代《だい》をどう生《い》きるか

二〇一九年一二月二〇日第一刷発行

著者　中《なか》原《はら》圭《けい》介《すけ》 

発行者　渡瀬昌彦

発行所　株式会社講談社

東京都文京区音羽二丁目一二―二一　郵便番号一一二―八〇〇一

電話　〇三―五三九五―三五二一　編集（現代新書）

〇三―五三九五―四四一五　販売

〇三―五三九五―三六一五　業務

装幀者　中島英樹

印刷所　凸版印刷株式会社

製本所　株式会社国宝社

定価はカバーに表示してあります　Printed in Japan



N.D.C. 300　230p　18cm

ISBN978-4-06-518195-9

## 「講談社現代新書」の刊行にあたって

教養は万人が身をもって養い創造すべきものであって、一部の専門家の占有物として、ただ一方的に人々の手もとに配布され伝達されうるものではありません。

しかし、不幸にしてわが国の現状では、教養の重要な養いとなるべき書物は、ほとんど講壇からの天下りや単なる解説に終始し、知識技術を真剣に希求する青少年・学生・一般民衆の根本的な疑問や興味は、けっして十分に答えられ、解きほぐされ、手引きされることがありません。万人の内奥から発した真正の教養への芽ばえが、こうして放置され、むなしく滅びさる運命にゆだねられているのです。

このことは、中・高校だけで教育をおわる人々の成長をはばんでいるだけでなく、大学に進んだり、インテリと目されたりする人々の精神力の健康さえもむしばみ、わが国の文化の実質をまことに脆弱なものにしています。単なる博識以上の根強い思索力・判断力、および確かな技術にささえられた教養を必要とする日本の将来にとって、これは真剣に憂慮されなければならない事態であるといわなければなりません。

わたしたちの「講談社現代新書」は、この事態の克服を意図して計画されたものです。これによってわたしたちは、講壇からの天下りでもなく、単なる解説書でもない、もっぱら万人の魂に生ずる初発的かつ根本的な問題をとらえ、掘り起こし、手引きし、しかも最新の知識への展望を万人に確立させる書物を、新しく世の中に送り出したいと念願しています。

わたしたちは、創業以来民衆を対象とする啓蒙の仕事に専心してきた講談社にとって、これこそもっともふさわしい課題であり、伝統ある出版社としての義務でもあると考えているのです。

一九六四年四月　野間省一